스며드는
인공 지능 글쓰기

스며드는 인공 지능 글쓰기
새로운 '쓰기'의 출현, 내 것으로 만들기

초판 1쇄 발행 2025년 10월 18일

지은이 | 장성민·고유라·소지영·장지혜

펴낸이 | 김연우
펴낸곳 | (주)태학사
등   록 | 제406-2020-000008호
주   소 | 경기도 파주시 광인사길 217
전   화 | 031-955-7580
전   송 | 031-955-0910
전자우편 | thspub@daum.net
홈페이지 | www.thaehaksa.com

편   집 | 조윤형 여미숙 김태훈
마케팅 | 김민선
경영지원 | 김영지

ⓒ 장성민·고유라·소지영·장지혜, 2025. Printed in Korea.

이 책에 직간접적으로 게재를 허락해 주신 모든 분께 감사드립니다.
저작권자와 연락이 닿지 않아 부득이 허가를 구하지 못한 일부 자료에 대해서는
연락 주시는 대로 적법한 절차를 따르겠습니다.

값 11,000원

ISBN 979-11-6810-386-3 (04710)
      979-11-6810-387-0 (세트)

책임편집 | 조윤형
디자인 | 지소영

'개념' 있는 국어 생활 9

스며드는
인공 지능 글쓰기

새로운 '쓰기'의 출현,
내 것으로 만들기

장성민·고유라·소지영·장지혜 지음

태학사

'개념 있는 국어 생활' 기획의 말

학회의 성장은 학문의 성장을 동반하게 마련입니다. 최초·최고·최대의 학술 단체인 한국어교육학회가 창립 70주년을 맞는 이 시점에서, 우리는 그 성장의 결실을 가시적으로 확인할 필요가 있다는 데 뜻을 같이했습니다. 이에 국어 교육학계를 이끌어 갈 차세대 국어 교육학자들과 국어 교육의 현장을 선도하는 교사들을 중심으로 학문적 성과를 결산해 보기로 했습니다. 다만 빛나는 연구 성과를 정리하는 수준이 아니라 '그 성과가 교실에서 이용利用될 수 있도록 해야 한다', 그리고 '교실 안에만 머물러 있는 것이 아니라 교문 밖 모든 삶의 현장에서 언어 사용자인 시민들의 후생厚生에도 기여해야 마땅하다'고 생각했습니다.

그리하여 학회에서는 국어과 교육 과정사에서 가장 중요한 항존恒存 개념 20개를 선별했고, 젊은 연구자와 교사들에게

임무를 부여하여 손에 쏙 들어오는 20권의 책을 학회 창립 70주년이 되는 올해부터 출간하기 시작하여 내년까지 완간하기로 했습니다. 필진이 젊다는 것은 시각이 신선하다는 뜻으로, 책의 분량이 적다는 것은 정보의 응집도가 높다는 뜻으로 이해해 주기를 바랍니다.

한국어교육학회의 위상에 걸맞게 빛나는 결실을 맺어 주신 필자 여러분은 국어 교육학계의 믿음직한 미래임을 증명해 주셨습니다. 이 시리즈가 원활히 출간되도록 필자와 출판사 사이의 중간 다리 역할을 맡아 노심초사 알뜰히 챙겨 준 양수연 박사님의 노고도 잊을 수 없습니다. 이 시리즈의 간행을 흔쾌히 맡아 주신 태학사 김연우 대표님, 심혈을 기울여 책을 만들어 주신 조윤형 주간님에게도 감사의 마음을 전합니다.

부디 이 책들이 예비 교사들에게는 개념들의 윤곽을 보여 주고, 현장 교사들에게는 교수 학습과 평가의 설계에 영감을 주며, 일반 시민들에게는 품격 있는 언어 생활의 지침서가 되기를 바랍니다.

한국어교육학회 창립 70주년 기념
'개념 있는 국어 생활' 간행위원회 위원장 주세형
한국어교육학회 제38대 회장 류수열

머리말

우리는 지금 글쓰기가 근본적으로 달라지는 전환기에 서 있다. 예전에는 글쓰기가 오롯이 인간의 사유와 손끝에서 빚어지는 창조적 행위였다면, 이제는 인공 지능이 글쓰기 과정에 자연스럽게 개입하고 있다. '챗지피티'와 같은 생성형 인공 지능은 초고 작성, 자료 탐색, 문장 다듬기 등 글쓰기의 다양한 국면에서 이미 강력한 도구로 자리 잡았다.

이러한 변화는 우리에게 기회이자 도전이다. 인공 지능은 글쓰기의 장벽을 낮추고 누구나 쉽게 글을 쓸 수 있게 하지만, 동시에 필자의 주체성을 약화시키거나 글쓰기 윤리를 위협할 수 있다. 그렇기에 우리는 '인공 지능 글쓰기란 무엇인가?', '이 시대의 필자가 갖추어야 할 능력은 무엇인가?', '인공 지능과 협업하는 글쓰기는 어떤 모습이어야 하는가?'라는 질문을 던지지 않을 수 없다.

이 책은 그 질문들에 대한 성찰과 대답을 담았다. 인공 지능 글쓰기의 본질과 가능성을 탐구하고, 그 과정에서 발생하는 쟁점들을 검토하며, 실제 글쓰기 교육과 실천의 장에서 어떻게 활용할 수 있을지 모색한다. 무엇보다도, 인공 지능이라는 강력한 도구 앞에서 필자가 결코 소외되지 않고 오히려 더 주체적인 글쓰기 주체로 성장하기 위한 길을 함께 찾아보고자 한다.

이 책은 한국어교육학회 창립 70주년을 기념하여 집필되었다. 국어 교육을 아끼고 가꿔 온 선배 연구자들의 헌신 덕분에 지난 수십 년간 풍성하게 축적된 성과 위에서 비로소 이 작업이 가능했다. 국어 교육의 긴 흐름 속에 작은 발자취 하나 남길 수 있음에 글을 쓰는 내내 감사와 보람을 느꼈다. 이 시리즈 기획을 위해 아낌없이 지원과 조언을 주신 류수열 전임 학회장님과 주세형 교수님께 깊이 감사드린다.

인공 지능 시대에 글을 쓴다는 것은, 결국 '좋은 글'을 쓰는 것을 넘어 '좋은 필자'가 되는 문제와 맞닿아 있다. 이 책이 인공 지능과 공존하며 쓰기의 본질을 새롭게 성찰하려는 모든 독자에게 작은 길잡이가 되기를 바란다.

2025년 10월

저자 일동

차례

'개념 있는 국어 생활' 기획의 말 • 주세형·류수열	4
머리말	6

Class 1. 인공 지능 글쓰기의 본질

새로운 글쓰기 방식의 출현
인공 지능 글쓰기는 무엇인가?

인공 지능 글쓰기는 무엇이며, 어떤 접근이 필요할까?	15
인공 지능은 글쓰기에 어떻게 사용되는가?	19
인공 지능의 글은 어떻게 작성되며, 인간의 역할은 무엇인가?	25

인공 지능으로 쓰는 시대,
새롭게 길러야 하는 쓰기 능력은 무엇일까?

글에 나타난 내용을 다 믿어도 될까? – 비판적 사고력을 키우자!	29
나만의 개성이 나타난 글을 원한다면? – 창의적 표현력을 키우자!	35
좀 더 쉽게 잘 쓰고 싶다면? – 인공 지능과의 협업 능력을 키우자!	39

인공 지능이 쓴 글을 내가 쓴 글로 인정할 수 있을까?

- 쓰기 윤리를 키우자! 43

변화하는 시대, 변함없이 갖춰야 할 쓰기 능력은 무엇일까?

어떻게 쓰는지를 아는 것보다 더 중요한 것이 있다고?

- "더 좋은 필자가 되고 싶어!" 47

'쓰기는 곧 다시 쓰기'라는 말의 의미는 무엇일까?

- 깊이 성찰하고 섬세하게 골라내기 53

Class 2. 인공 지능 글쓰기를 둘러싼 논쟁

인공 지능이 생성한 글은 누구의 것인가?

인공 지능이 저작권을 가질 수 있을까? 63

인공 지능 시대 '윤리적인' 필자가 되기 위해서는? 70

필자인가, 사용자인가?
인공 지능은 인간의 글쓰기를 대체하는가?	75
인공 지능이 생성한 텍스트가 필자의 글로 인정받기 위해서는?	79
필자로서 성장한다는 것, 그 의미는 무엇인가?	83

인공 지능은 정말 만능일까?
글쓰기 환경은 어떻게 변화해 왔을까?	87
똑똑한 인공 지능, 그만큼 공정하기도 할까?	91

Class 3. 인공 지능 글쓰기의 유형

업무 상황에서 인공 지능 글쓰기는 어떻게 도움이 될까?
인공 지능을 활용한 업무적 글쓰기, 언제 유용할까?	101
인공 지능을 활용한 업무적 글쓰기, 어떻게 쓸까?	108

인공 지능'이' 공부를 할까, 인공 지능'으로' 공부를 할까?
인공 지능이 다 하면 나는 뭘 하지?	114

인공 지능에 어디까지 맡길 수 있을까?	120
글쓰기 능력인가, 인공 지능 활용 능력인가?	127

인공 지능의 문학 창작, 무엇을 시사하는가?

인공 지능이 인간처럼 시나 소설을 쓸 수 있을까?	130
인공 지능 문학 창작의 시대, 작가의 미래는?	135
인공 지능 문학 창작의 시대, 우리의 역할은?	139
인공 지능과 함께하는 문학 창작, 어떻게 해 볼까?	146

인공 지능의 성찰 일지 작성, 무엇을 시사하는가?

인공 지능은 감상문과 성찰 일지를 작성할 수 있을까?	159
인공 지능이 이런 글을 작성할 수 있다는 것, 무엇이 문제인가?	168
인공 지능의 사용 영역, 어디까지는 되고 어디서부터는 안 되는 걸까?	170

주註	173
참고 문헌	176

Class 1.

인공 지능 글쓰기의 본질

새로운 글쓰기 방식의 출현

인공 지능 글쓰기는 무엇인가?

💬 인공 지능 글쓰기는 무엇이며, 어떤 접근이 필요할까?

인공 지능AI 글쓰기는 범박하게 말하면 '인공 지능을 활용한 글쓰기'를 의미한다. 그러나 인공 지능을 활용하는 방식은 다양할 수 있다. 예를 들어 다음 상황에서 자신이라면 어떻게 행동할지 생각해 보자.

고등학생인 연우에게는 마이클 샌델의 『공정하다는 착각』을 읽고 독후감을 작성하는 과제가 주어졌다. 이전 같으면 400쪽이 넘는 책을 들고 책상 앞에 앉아서 다른 생각을 억누르고 책에 몰두하려고 노력했을 것이다. 배경지식을 넓히고 책 내용을 더 잘 이해하기 위해 포털 사이트나 동영상 공유 플랫폼 등에서 관련 정보를 찾아보았을 수도 있다.

그러나 인공 지능 시대가 되면서 이제는 어려운 책을 읽고 독후감을 작성하는 일이 훨씬 쉬워졌다. 이제 챗지피티 ChatGPT, 빙 Bing, 제미나이 Gemini 같은 생성형 인공 지능 서비스에 접속하여 프롬프트를 입력하면, '그럴싸한' 글이 완성된 형태로 작성된다. 심지어 과제의 구체적인 맥락이나 지시 사항 없이 『공정하다는 착각』이라는 책 제목만 입력해도 된다.

이것은 가상의 상황이지만, 현실에서 충분히 일어날 수 있는 상황이기도 하고, 이미 눈앞에 펼쳐진 상황이기도 하다. 물론 인공 지능을 통해 독후감을 작성하는 것은 교육적으로 적절하지 않다. 선생님께서 이 책을 읽고 독후감을 작성하도록 한 데에는 나름대로의 교육적 의도가 있기 때문이다. 만약 연우가 책을 읽지 않고, 독후감을 작성하기 위해 깊이 생각하지 않고 인공 지능을 통해 독후감을 작성했다면, 겉으로는 과제를 해결한 것처럼 보이겠지만 실제로는 과제를 수행했다고 보기 어렵다.

다행히 연우는 과제를 모두 인공 지능 서비스에 맡길 만큼 대담하지 않았다. 그는 인공 지능 서비스를 일부 활용하되, 실제로 독후감을 작성하는 데는 자신의 노력이 필요하다고 믿었다. 그리하여 두꺼운 책을 (중간중간 포털 사이트나 동영상 공유 플랫폼의 도움을 받아 가며) 스스로 읽고, 독후감을 작성할 때만 인공 지능의 도움을 받기로 했다. 연우에게는 다음과 같은 몇 가지 선택지가 있었다.

(1) 인공 지능이 작성한 글을 그대로 제출하기
(2) 인공 지능이 작성한 글을 일부 수정하여 제출하기
(3) 인공 지능이 작성한 글을 참고만 하고 자신이 주도적으로 다시 쓰기

(1)은 일반적인 글쓰기라고 할 수 없다. 결과적으로 글은 나오지만, 이는 인간이 쓴 것이 아니다. 사용자가 목적에 따라 텍스트를 생성한 것에 불과하다.

(2)에 대해서는 논란이 있을 수 있다. '하이킹' 비유를 들어 설명해 보자. A 지점에서 B 지점까지 여행을 할 때, 걸어서 갈 수도 있고 자동차로 이동할 수도 있다. 둘 다 '여행'이라는 개념에 속하지만, 자동차로 이동한 경우 이를 '하이킹'이라고 부르지는 않는다. 도구 사용의 정도가 질적인 차이를 만드는지에 대해서는 철학적 고찰이 필요하지만, 적어도 필자의 목소리나 정체성이 포함되지 않은 글은 인간의 글쓰기라고 부르

기 어렵다. 인공 지능이 인간의 행위를 대리하고 유사하게 수행한다고 해도, 그것을 필자의 글쓰기 행위라고 할 수는 없다.

(3)에서의 글쓰기 주체는 인간이다. 이는 (1)과 (2)에서 글을 만든 주체가 인공 지능인 것과 대조된다. 이 경우 인공 지능은 글쓰기의 기초 자료를 제공하거나 이를 완성된 형태로 구성해 보여 주는 '검색자searcher'나 '아이디어 생성자idea generator' 역할을 한다. 인공 지능이 제공한 정보에 대하여 출처 확인, 교차 검토 등을 통해 신중하게 점검하고 목적에 맞게 선택하여 활용하는 것은 인간 필자의 책임이다.

이처럼 인공 지능을 활용한 글쓰기는 그 방식에 따라 크게 달라질 수 있다. 연우처럼 인공 지능의 도움을 받더라도 주도적으로 글을 작성하는 경우, 인공 지능은 보조 역할을 할 뿐이다. 이는 인공 지능이 제공하는 정보를, 자신의 목소리와 사고를 반영한 글로 재구성하는 것이다. 이러한 접근은 교육적으로도 바람직하다. 학생은 스스로 사고하고 표현하는 과정을 통해 학습 효과를 극대화할 수 있다. 인공 지능 시대에 우리는 기술을 도구로 활용하되, 그 도구에 지나치게 의존하지 않고 자신의 생각과 노력을 통해 글쓰기를 주도적으로 실천해야 한다. 이것이 인공 지능 글쓰기의 본질이며, 미래 교육이 나아갈 방향이다.

❝ 인공 지능은 글쓰기에 어떻게 사용되는가?

글쓰기에 사용되는 인공 지능은 수용 중심의 '판별형 모델 discriminative model'과 생산 중심의 **생성형 모델**★로 나눌 수 있다.

판별형 모델은 분류classification와 예측(회귀regression)을 목적으로 하는 인공 지능 기술이다. 어휘와 문장을 분석하여 텍스트 복잡도(이독성易讀性 지수readability index)를 평가하거나, 에세이를 자동으로 채점하여 글의 총체적·분석적 점수를 산

> ★ **생성형 모델(generative model)**
> 생성형 인공 지능은 방대한 데이터를 학습해 새로운 텍스트, 이미지, 음악, 코드 등을 스스로 만들어 내는 인공 지능이다. 기존 정보를 단순히 재현하는 것이 아니라, 학습한 패턴을 활용해 '없는 것을 새롭게 생성한다'는 점이 특징이다. 이로 인해 글쓰기, 창작, 연구, 교육 등 다양한 분야에서 혁신적인 도구로 활용되고 있다.

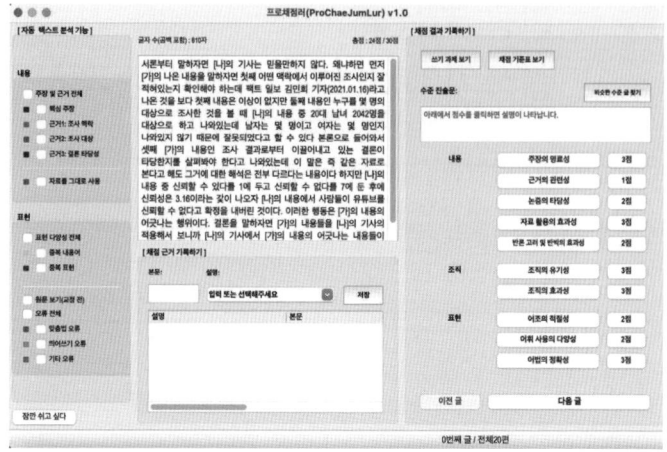

에세이 자동 채점 사례(프로채점러)[1]

출하는 것이 이에 해당한다.

판별형 모델을 활용한 에세이 자동 채점은 채점에 소요되는 시간과 노력을 줄이고, 채점자의 주관이나 피로에 상관없이 일관성을 유지할 수 있다는 장점이 있다. 반면 입력값과 출력값만 존재하는 엔드투엔드end-to-end 방식으로 작동하기 때문에 설명 가능성이 낮아 점수 산출 과정을 이해하거나 결과를 해석하는 데 어려움이 있을 수 있다.

생성형 모델은 기존 데이터의 패턴을 학습해 유사한 데이터를 생성하는 인공 지능 기술이다. 예를 들어 거대 언어

어휘 및 문장 교정 사례(낱말)[2]

모델을 활용하여 글의 어휘나 문장 수정을 제안하거나, 판별형 모델로 산출된 점수의 도출 과정을 설명하는 것이 이에 해당한다.

어휘 및 문장 교정은 인공 지능이 필자의 글에서 오류를 찾아 수정안을 제시하는 것이다. 영어에서는 'Grammarly', 한국어에서는 '(주)낱말'의 문장 검사 기능이 대표적이다. 이 작업에는 필자 수준에 맞는 말뭉치corpus 구축 및 중복 표현 탐지, 유의어 추천 등을 위한 정교한 알고리즘이 필요하다.

에세이 자동 피드백은 생성형 모델의 대표적인 기능 중 하나로, 판별형 모델의 에세이 자동 채점 결과에 정성적定性的 정보를 추가하는 것을 의미한다. 생성형 모델에 의한 자동 피

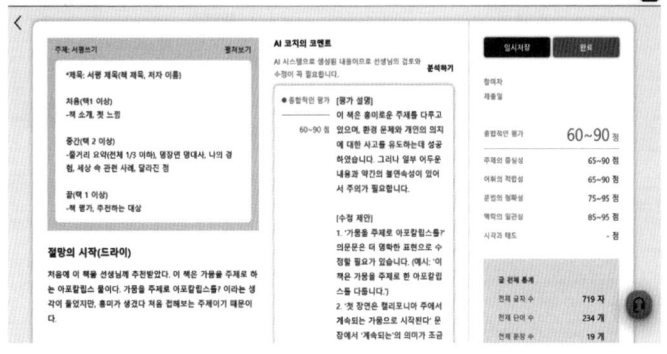

에세이 자동 피드백 사례(자작자작)[3]

드백은 자동 채점 과정에서의 은닉층hidden layer을 줄여 준다는 장점이 있어, 판별형 모델의 낮은 설명 가능성과 해석 가능성의 문제를 해결하는 데 도움이 된다. 여기서 은닉층은 신경망 내부에서 입력과 출력 사이의 변환 과정을 담당하는 중간 단계로, 사람이 직접 관찰하기 어려운 복잡한 연산이 이루어지는 부분을 가리킨다.

사용자가 인공 지능에 프롬프트를 입력하여 초고를 작성하는 것도 생성형 모델의 또 다른 기능이다. 2022년 11월 말 출시된 오픈에이아이OpenAI의 '챗지피티ChatGPT'를 비롯하여 마이크로소프트의 '빙Bing', 구글의 '제미나이Gemini' 등이 대표적인 예이다. 생성형 모델을 사용하면 언어 텍스트뿐 아니라 복합 양식 콘텐츠도 손쉽게 제작할 수 있다.

> 마이클 샌델의 "공정하다는 착각"을 읽고 독후감을 작성하도록 하는 과제를 받았습니다. 고등학생 수준에 맞게 작성해 주세요.

"공정하다는 착각"은 마이클 샌델이 사회적 정의와 공정에 대해 다룬 책입니다. 이 책은 현대 사회에서 우리가 가지고 있는 공정에 대한 잘못된 개념들을 분석하고, 우리가 어떻게 해서 이런 착각에 빠지게 되었는지를 설명합니다.

첫째로, 샌델은 시장 경제와 경제적 자유가 모든 상황에서 공정을 보장하지 않는다고 말합니다. 예를 들어, 부유한 사람들이 더 많은 돈을 지불하면 더 좋은 교육을 받을 수 있게 되는 것은 공정하지 않다고 말하는 것입니다. 이는 부유한 자들이 더 많은 기회를 가지게 되는 결과를 초래할 수 있기 때문에 공정하지 않다고 여겨집니다.

둘째로, 샌델은 공공재의 성격과 시장의 한계를 강조합니다. 우리 사회의 몇 가지 중요한 부분은 시장 메커니즘으로만 해결할 수 없는 공공적 문제들입니다. 예를 들어, 교육, 건강 관리, 환경 문제 등은 시장 경제로만 해결하기 어려운 문제들입니다. 이러한 문제들은 공정한 접근과 공공의 이익을 고려해야 한다고 샌델은 말합니다.

> 셋째로, 샌델은 사회적 상호 의존성의 중요성을 강조합니다. 우리는 모두 서로 연결되어 있고, 한 사람의 선택이 다른 사람에게 영향을 미칠 수 있다고 말합니다. 따라서 우리가 살아가는 사회에서는 개인적인 선택이 공정하고 공평한 결과를 보장할 수 있도록 고민해야 한다고 말합니다.
>
> 이 책을 읽으면서 나는 공정이란 무엇인지 다시 생각해 보게 되었습니다. 우리는 경제적 자유와 시장 경제만으로는 공정한 사회를 만들 수 없다는 것을 깨달았고, 사회적 상호 의존성을 이해하는 것이 왜 중요한지를 깨달았습니다. 따라서 우리가 사회적 정의를 추구하고 공정한 사회를 만들기 위해 어떤 노력을 해야 하는지에
> (…)

챗지피티의 독후감 초고 작성 사례

생성형 인공 지능의 텍스트 자동 생성을 활용한 초고 작성은 글쓰기에 대한 학습자의 심리적 장벽을 낮춰 준다는 장점이 있다. 그러나 필자의 주도성^{agency}을 감소시키거나, 무책임하고 비윤리적인 글쓰기를 초래할 수 있다는 점에 유의해야 한다.

💬 인공 지능의 글은 어떻게 작성되며, 인간의 역할은 무엇인가?

생성형 인공 지능이 글을 작성하는 원리를 간단하게 말하자면, 디지털화된 데이터를 학습한 인공 지능이 특정 작업을 지시하는 인간의 입력값(프롬프트)에 맞는 결과물을 생성하는 방식이다. 이 과정은 자연어 처리와 알고리즘 기술을 기반으로 한다. 자연어 처리 NLP: Natural Language Processing 는 인간이 사용하는 언어를 컴퓨터가 분석하고 처리하는 기술을 의미하며, 알고리즘 algorithm 은 입력된 데이터를 바탕으로 원하는 출력을 얻기 위한 규칙의 집합을 의미한다.

과거에는 자연어 처리의 데이터가 주로 인간이 실제 맥락에서 직접 생성한 자료로 구성되었다. 그러나 인공 지능 시대에는 심층 신경망DNN: Deep Neural Network, 거대 언어 모델LLM: Large Language Model 등을 통해 디지털화된 빅 데이터를 활용하여 자연어 처리가 이루어지고 있다. 이러한 변화는 자연어 처리의 정확성과 효율성을 크게 향상시켰다. 이제 인공 지능은 다양한 문맥과 복잡한 언어 패턴을 더 잘 이해하고, 실제 인간과 유사한 수준의 텍스트를 생성하기에 이르고 있다.

그러나 인공 지능이 작성한 글은 사전에 훈련된 데이터를 확률적으로 재조합한 결과이기 때문에 잘못된 정보를 포함할 수 있다.

자연어를 처리하는 과정에서 데이터의 불균형이나 확률적 예측 모델의 한계로 인해 실제와 맞지 않는 잘못된 정보를 생성하는 것을 **할루시네이션**★이라고 한다. 데이터 불균형은 거짓 정보 등의 콘텐츠를 학습 데이터로 잘못 받아들이는 경우를 의미한다. 최근에는 인간이 생성한 자료뿐 아니라 인공 지능이 생성한 자료도 데이터로 활용되기 때문에 이러한 문제가 더욱 빈번해지고 있다. 확률적 예측 모델의 한계는 프롬프트로 주어진 문구를 기계

> ★ **할루시네이션(hallucination)**
> 인공 지능이 사실이 아닌 내용을 실제처럼 만들어 내는 오류 현상이다. 이는 학습 데이터의 한계나 빈틈을 채우려는 과정에서 발생하며, 때로는 매우 그럴듯하게 표현되기 때문에 쉽게 믿게 된다. 따라서 인공 지능의 답변을 활용할 때는 항상 검증과 비판적 판단이 필요하다.

가 잘못 인식하여 의도하지 않은 새로운 패턴의 조합이 나타나는 경우를 의미한다. 예컨대 인간이 "콩쥐 팥쥐"라고 입력하면 인공 지능이 이를 '콩', '팥', '쥐'로 인식하여 '콩이나 팥이 쥐로 변하는 이야기'라는 결과물을 생성하는 식이다.

따라서 인공 지능을 활용하여 글을 작성할 때에는 할루시네이션을 피하기 위해 인간 필자의 의식적 작업이 요구된다. 필자는 인공 지능에 지시할 프롬프트를 준비하는 '사전 계획자pre-planner' 역할을 맡을 뿐 아니라, 인공 지능이 생성한 글을 검토하고 수정하는 '초고 후 수정자post-draft revisor'로서도 충분한 주의를 기울여야 한다. 정보의 출처를 확인하고 다른 자료와의 교차 검토를 통해 정확성과 신뢰성을 평가하거나, 프롬프트 입력 시점에서부터 구체적인 맥락을 설정하여 출력 결과의 다양성을 조절할 수 있어야 한다.

인공 지능으로
쓰는 시대,
새롭게 길러야 하는
쓰기 능력은 무엇일까?

글에 나타난 내용을 다 믿어도 될까?

– 비판적 사고력을 키우자!

시대가 변하면 그에 따라 중시되는 쓰기 능력도 달라진다. 조선 시대 한글이 등장하기 전, 글을 쓰기 위해서는 중국의 한자를 익히는 것이 필수였다. 한글이 등장한 후로는 시간이 지남에 따라 한자 사용이 줄어 한자보다 한글을 익히는 게 중요해졌고, 일제 강점기에는 조선어 말살 정책으로 인해 일본어를 익혀야 했다. 오늘날 글로벌 시대가 도래함에 따라 수많은 외래어가 유입되며 잘 읽고 잘 쓰기 위해서는 외국어를 익히는 게 어느 때보다 중요해졌다. 그렇다면 인공 지능을 활용한 글쓰기가 일상에 침투한 현재, 새롭게 길러야 하는 쓰기 능력에는 어떤 게 있을까?

부부가 나란히…'장수 커플' 원빈·이나영, 결국 결별 소식

(…) 16년 간 맥심 티오피 장수 모델로 활동했던 원빈은 지난 1월 계약 종료됐다. 또한 원빈 아내 이나영 역시 24년간 함께했던 맥심 모카골드 모델 자리에서 떠난 바 있다. (…)[4]

이 인터넷 뉴스 기사 제목은 유명 연예인 부부의 이혼을 알리는 것 같다. 하지만 본문을 끝까지 정독하면 원빈이 맥심 브랜드 제품의 광고 모델 계약을 종료했으며, 그 전에 그의 아내 이나영도 맥심 브랜드 모델 자리에서 떠났다는 사실에 관한 내용임을 알 수 있다. 낚시성 제목에 당할 뻔한 누리꾼들은 본문을 확인한 후 기사 제목이 사실이 아님을 깨달았지만, 제목만 읽고 지나간 사람들은 허위 정보를 습득할 수도 있다. 그래도 이 기사는 본문을 통해 사실을 파악할 수 있어서 다행이다. 오늘날 온라인으로 누구나 정보를 제공할 수 있게 되면서 고의든 고의가 아니든 거짓 정보가 공유되는 경우가 많다.

스마트폰이 생기기 전, 인터넷 사용이 활발해지기 전까지만 해도 보통의 학생들은 교과서 또는 학교에서 선생님께 배우는 내용을 의심하거나 비판하기 어려웠다. 제시된 정보를 의심하거나 비판하려고 해도 그에 대한 근거를 찾는다는 건 굉장한 시간과 노력이 필요했기 때문이다. 학교 시험 역시 대체로 배운 내용을 잘 기억하는 것이 중요했기 때문에, 비판적 사고를 할 새 없이 주어진 정보를 습득하는 게 학생들에게 유리했다. 이는 학교뿐만 아니라 회사에서도 마찬가지였을 터. 이러한 당시 상황에서 글을 쓰기 위해서는 우리에게 주어진 제한된 정보를 최대한 잘 활용하는 것이 중요했다.

하지만 포털 검색 한 번으로, 또는 인공 지능에게 질문을 던지는 순간 정보가 쏟아지는 현시대에서 우리는 더 이상 제한된 정보로만 글을 쓰지 않는다. 오히려 제시되는 정보가 너무나 많아 모든 정보를 검토해서 글을 쓰기가 불가능할 정도다. 그러나 정보가 많은 만큼 허위 정보도 넘쳐나기 때문에 눈에 보이는 정보를 순진하게 다 믿어서는 안 된다. 그래서 지금 우리는 어느 때보다 **비판적 사고력**★을 필수로 갖춰야 한다.

인공 지능이 생성한 내용은 참도 있지만 거짓도 많다. 인공 지능이 생성한 내용의 진위 여부를 판단하기 위해서는 우선, 인공 지능이 제시한 정보를 의심하고 검토하려는 자세가 필요하다. 잘 모르는 내용일 경우 이를 확인하기 위해

> ★ **비판적 사고력**
> 주어진 정보나 상황을 단순히 받아들이지 않고, 객관적으로 바라보고 깊게 분석하여 신뢰성, 논리성을 판단할 수 있는 능력을 의미한다. 정보나 상황을 인식하는 과정에서 적절한 질문을 떠올리거나 다양한 관점에서 검토할 수 있는 능력도 포함된다.

믿을 만한 자료를 통해 사실을 확인하는 과정이 필요하다. 챗지피티가 잘못된 정보를 응답하는 건 손쉽게 찾아볼 수 있다. 챗지피티에게 「춘향전」의 줄거리를 알려 달라고 했더니 아래와 같이 응답했다.

 춘향전은 한국의 고전 소설 중 하나로, 조선시대에 기생이었던 춘향이와 이몽룡의 사랑 이야기를 다룹니다.

이야기는 이몽룡이 전라북도 남원에 부사로 부임하면서 시작됩니다. 이몽룡은 기생집인 월매의 집에 가서 춘향이를 만나게 되고, 둘은 첫눈에 반해 사랑에 빠집니다. 그러나 이몽룡은 서울로 돌아가야 했고, 둘은 이별을 하게 됩니다.

그 후, 새로운 부사로 부임한 변학도가 춘향이를 유혹하려고 합니다. 그러나 춘향이는 이몽룡을 기다리며 변학도의 유혹을 거부합니다. 이로 인해 춘향이는 옥에 갇히게 되고, 이몽룡은 서울로 돌아갑니다.

이몽룡은 춘향이의 소식을 듣고, 과거 시험을 보기 위해 남원으로 돌아옵니다. 그는 과거 시험에서 춘향이를 구출하기 위한 글을 작성하고, 그 글이 왕에게 인정받아 춘향이를 구출합니다. 그리고 둘은 마침내 결혼하게 됩니다.

이렇게 춘향전은 사랑과 충성, 그리고 정의를 강조하는 이야기로, 한국의 고전 소설 중 하나로 사랑받고 있습니다.

「춘향전」의 줄거리를 이것만으로 판단하기에는 부족한 점이 많다. 춘향전의 경우 이본이 많아 이본마다 줄거리가 조금씩 다를 수 있지만, 널리 알려진 판본을 중심으로 잘못된 내용을 짚어 보자.

 춘향전은 한국의 고전 소설 중 하나로, 조선시대에 ~~기생이었던~~ 춘향이와 이몽룡의 사랑 이야기를 다룹니다. (→ 춘향은 기생의 딸이었기 때문에 기생이라고 단정 짓기 어렵다.)

이야기는 ~~이몽룡~~이 전라북도 남원에 부사로 부임하면서 시작됩니다. 이몽룡은 ~~기생집인 월매의 집에 가서~~ 춘향이를 만나게 되고, 둘은 첫눈에 반해 사랑에 빠집니다. 그러나 이몽룡은 ~~서울~~로 돌아가야 했고, 둘은 이별을 하게 됩니다. (→ 이몽룡이 아니라 이몽룡의 아버지가 남원 부사로 부임했었다. 이몽룡과 춘향이 처음 만난 계기는 이몽룡이 월매의 집에 간 것이 아니고 단옷날 그네를 타는 춘향을 이몽룡이 본 것이다. '서울'이라는 지명 역시 '한양'으로 바꾸어야 한다.)

그 후, 새로운 부사로 부임한 변학도가 춘향이를 ~~유혹하려고~~ 합니다. 그러나 춘향이는 이몽룡을 기다리며 변학도의 유혹을 거부합니다. 이로 인해 춘향이는 옥에 갇히게 되고, ~~이몽룡은 서울로 돌아갑니다.~~ (→ 변학도가 춘향을 끌고 와 수청을 강요했기 때문에 여기서 춘향을 '유혹'했다는 표현은 적절하지 않다. 또한 춘향이 옥

> 에 갇힌 후 이몽룡이 한양에 돌아간 것 역시 「춘향전」의 내용과 다르다. 이몽룡이 남원을 떠난 후 춘향이 옥에 갇혔기 때문이다.)
>
> 이몽룡은 춘향이의 소식을 듣고, 과거 시험을 보기 위해 남원으로 돌아옵니다. 그는 과거 시험에서 춘향이를 구출하기 위한 글을 작성하고, 그 글이 왕에게 인정받아 춘향이를 구출합니다. 그리고 둘은 마침내 결혼하게 됩니다. (→ 마지막 문장 외에는 전부 거짓이다. 이몽룡은 과거에 급제한 후 암행어사로서 남원에 돌아왔고, 탐관오리 변학도를 응징하는 과정에서 춘향이를 구출했다.)

「춘향전」은 오래전 외국어로 번역되어 출간되기도 했고 영화, 드라마, 발레 공연으로도 재구성될 만큼 한국 고전 소설을 대표하는 인기 있는 작품이다. 그럼에도 불구하고 인공 지능이 소개한 간략한 줄거리는 우리가 일반적으로 아는 내용과 다른 내용이 많았다.

인공 지능을 활용하여 쓴 글이 넘치는 시대이다. 그럴듯한 글이라고 해서 맹신하기보다는 신뢰성, 타당성 등을 따져 가며 글을 읽을 필요가 있다.

💬 나만의 개성이 나타난 글을 원한다면?

– 창의적 표현력을 키우자!

　인공 지능이 글을 써 주는 시대에 그럴듯한 글을 쓰는 건 이제 더 이상 어렵지 않다. 하지만 인공 지능만으로 필자의 개성이 나타나는 글을 쓰는 데에는 한계가 있다. 따라서 필자의 개성을 나타내는 창의적 표현력이 더욱 중요해졌다. 장르를 불문하고 수많은 사람이 쓴 글을 조합하여 그럴듯하게 써 내는 인공 지능의 글이 넘쳐나는 시대에 내 글이 돋보이기 위해서는 어떻게 해야 할까? 무엇보다도 독창적인 아이디어와 개인의 경험을 바탕으로 하는 창의적 글쓰기가 필요하다.

　다음에 제시하는 두 편의 시 중 필자의 개성과 구체적 경험이 드러나는 시는 어떤 것일까? 하나는 어버이날을 앞두고 중학교 2학년 학생이 부모님을 생각하며 쓴 시이고, 다른 하나는 학생이 쓴 시와 최대한 비슷한 시를 만들기 위해 "중학생 아들이 싫은 소리를 해도 언제나 아들을 걱정하고 사랑해주는 엄마에 대한 미안한 마음과 고마운 마음을 표현한 시를 써줘."라고 챗지피티에게 요청한 결과로 창작된 시이다.

바보

○○○

좀 컸다고, 말 안 듣는 나에게

오늘 아침, 이불 안 갠 나에게

학교 늦었다, 짜증 내는 나에게

화를 내었다가도

현관을 넘을 때면 들려오는 말

엄마가 화내서 미안해, 즐거운 학교생활 해

현관 앞에까지만 해도 짜증이 났었는데

계단을 헐레벌떡 뛰어갈 때 드는 생각

엄마는 바보다

좀 컸다고, 말 안 듣는 내가

오늘 아침, 이불 안 갠 내가

학교 늦었다, 짜증 내는 내가

뭐 그리 좋다고

짜증 내서 미안하다 사과하려 해도

집에 들어오면 들려오는 말

잘 다녀왔어?

엄마는 바보다

엄마의 사랑

○ ○ ○

엄마, 내가 싫은 소리를 해도

너는 언제나 나를 걱정하고 사랑해 줘

그 마음에 나는 미안하고 고마워

내가 어렸을 때는 몰랐지만

이제는 알겠어, 너의 사랑이 얼마나 큰지

그래서 나는 더 열심히 살아갈 거야

내가 힘들 때, 너의 위로가 나를 일으켜 줘

내가 슬플 때, 너의 미소가 나를 웃게 해 줘

> 내가 외로울 때, 너의 사랑이 나를 따뜻하게 해 줘
>
> 엄마, 내가 더 잘할게
> 너의 사랑에 보답할게
> 너의 아들인 것이 자랑스러울 수 있도록
>
> 엄마, 고마워 그리고 사랑해
> 너의 아들로 태어난 것이 내 인생의 가장 큰 행운이야.

시를 쓴 학생의 어머니에게 다음 중 어느 시가 당신의 아들이 쓴 시일지 찾아보라고 하면 누구보다 빠르게 아들이 쓴 시를 찾을 수 있을 것이다. 앞의 시는 실제로 필자의 국어 수업에 참여한 중학교 2학년 남학생이 쓴 것이고, 뒤의 시는 챗지피티에게 명령어를 입력하여 만든 것이다. 오늘 아침 이불을 안 갠 사건과 학교 늦었다고 짜증 냈던 일은 아들과 어머니가 아는 구체적 일화이다. 개인의 구체적 경험을 담아 짜증을 내도 따뜻하게 품어 주는 엄마를 '바보'라고 개성 있게 표현했기 때문에 인공 지능이 쓴 시와 쉽게 구별이 된다.

💬 좀 더 쉽게 잘 쓰고 싶다면?

– 인공 지능과의 협업 능력을 키우자!

 물론, 인공 지능이 쓴 시처럼 구체적 경험이 드러나지 않는, 일반적인 표현으로 시를 쓰는 학생들도 많다. 사실 중학생들의 시 중에는 인공 지능이 쓴 시보다 부족한 시도 많다. 하지만 좌절하지 말자. 우리에게는 글쓰기 보조 교사가 되어 줄 챗지피티가 있으니. 인공 지능보다 잘 쓰지 못하는 학생들에게 가장 우선적으로 필요한 쓰기 능력은 글쓰기 보조 교사인 인공 지능을 잘 활용하는 것이다. 즉 인공 지능과 협업하여 쓰는 능력을 길러야 한다. 인공 지능과 어떻게 협업하는지에 따라 글쓰기 능력을 정체시킬 수도, 향상시킬 수도 있다. 나의 글쓰기 실력이 부족하다고 해서 글쓰기를 포기하고 글쓰기의

주도권을 인공 지능에게 넘겨 버린다면, 인공 지능은 결국 글쓰기에 독이 되고 만다. 하지만 인공 지능을 활용하여 우수한 글의 예시를 많이 접하고 이를 활용하여 스스로 글 쓰는 연습을 게을리하지 않는다면 글쓰기 능력을 키울 수 있다.

인공 지능과 협업하는 방법은 사람마다 무엇이 부족한지에 따라 달라진다. 기본적인 맞춤법과 문장력이 부족한 사람은 자신이 쓴 글을 인공 지능에게 다듬어 달라고 요청하여 첨삭받을 수 있다. 대체로 글을 잘 쓰는 편에 속하는 국어 교사도 생활 기록부를 작성하는 시즌이 되면 오타와 맞춤법 오류 등을 점검하기 위해 인공 지능을 활용하여 자신이 쓴 기록을 점검하고 수정한다. 다음 페이지의 자료는 교사인 필자가 나이스NEIS에서 생활 기록부로 작성한 내용의 맞춤법 검사를 하는 화면이다.

첫 번째 화면에 제시된 추천 정보는 수용할 만하다. 생활 기록부는 오래 보존되는 기록이기 때문에 유행하는 말이나 외래어 등의 사용은 지양하기 때문이다. 하지만 두 번째 화면의 추천 정보는 수용할 수 없다. '생활협약부'를 띄어쓰기 오류라고 지적했지만, 교사가 기록한 '생활협약부'는 학교에서 공식적으로 사용하는 부서 명칭이기 때문에 인공 지능의 조언에 따를 수 없다. 이처럼 인공 지능의 도움을 받아 자신의

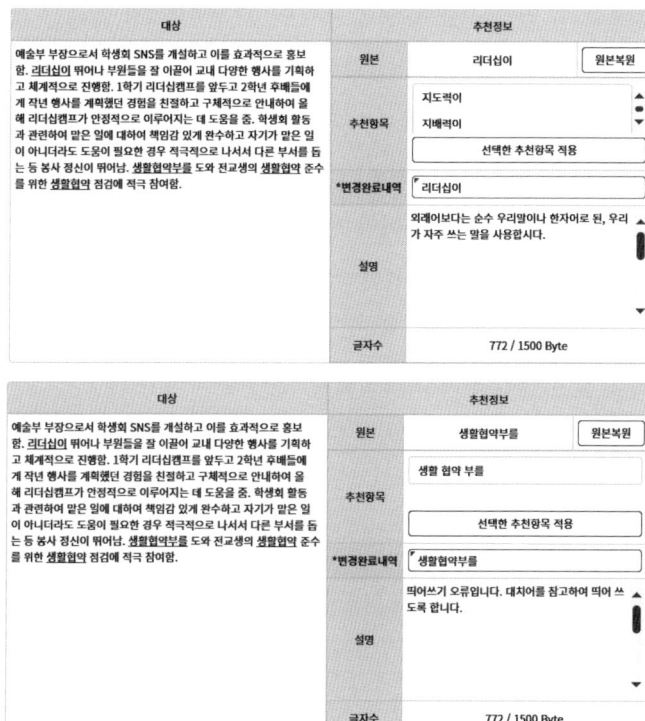

글을 점검하고 수정할 수 있으나, 이를 맹목적으로 믿고 따르기보다는 내가 처한 상황과 주체적인 판단에 따라 적절히 수정하는 능력이 필요하다.

　인공 지능과의 협업을 잘하기 위해서는 좋은 글을 판단할 줄 아는 안목 또한 필요하다. 인공 지능으로 수많은 글을 생성할 수 있는 시대에 인공 지능이 쓴 글이 내가 쓰려는 목적에 부합하는 글인지 스스로 읽고 판단할 줄 알아야 이를 참고해서 좋은 글을 써 낼 수 있기 때문이다. 또한 내가 원하는 글을 인공 지능으로부터 얻기 위해서는 내가 원하는 바를 구체적으로 요구할 수 있어야 한다. 인공 지능은 눈치가 빠른 편이 아니어서 자신이 표현하고자 하는 바를 정확하게 말해야 원하는 자료를 얻을 수 있으며, 그렇게 얻은 자료를 나에게 가장 적합한 형태로 가공할 수 있다.

> # 인공 지능이 쓴 글을
> # 내가 쓴 글로 인정할 수 있을까?
> – 쓰기 윤리를 키우자!

　마지막으로 **쓰기 윤리**를 준수하는 능력이 요구된다. 시험을 보는 동안, 즉 스마트폰을 비롯하여 모든 전자 기기를 사용할 수 없는 환경에서는 다른 사람의 글을 표절하여 쓰는 행위가 절대 불가능하다. 하지만 대학교 과제나 중고등학교의 글쓰기 수행 평가, 기업의 자기소개서 작성처럼 시간과 장소의 제약 없이 전자 기기를 활용하여 쓸 수 있는 글쓰기 과제가 주어지는 경우, 타인의 글 또는 인공 지능이 쓴 글을 자신이 쓴 글처럼 포장하여 제출하려는 유혹에 빠지기 쉽다.

　물론 글을 쓸 때 챗지피티와 협업하여 쓰는 것은 이제 막을 수도 없으며 앞서 말한 것처럼 권장되어야 할 일이다. 하지만 스스로 사고하지 않고 인공 지능이 써 준 글을 맹목적으로 수용하여, 인공 지능이 써 준 글을 자신이 쓴 것이라고 '착각'하는 것은 지양되어야 한다.

실제로 학교에서 수업하고 평가하는 국어 교사는 이런 학생을 매년 만난다. 네이버 블로그와 완전히 일치하는 문장을 독후감에 그대로 가져다 쓴 학생, 교실에서 교사가 표절을 통제하는 환경에서도 나무위키 자료를 참고해서 서평을 작성한 학생, 설명하는 글쓰기 과제를 챗지피티에게 위임하여 챗지피티가 쓴 글과 인공 지능이 만든 PPT를 그대로 발표한 학생 등 자신이 직접 쓴 글이 아닌데 자신의 글인 것처럼 포장한 사례는 실제로 확인된 수보다 더 많을 것이다.

이러한 행위는 쓰기 윤리에도 어긋나고, 무엇보다도 자신의 글쓰기 능력을 향상할 기회를 스스로 박탈하는 것이나 다름없다는 데서 문제가 심각하다. 축구 실력을 기르기 위해 축구를 잘하는 사람에게 나 대신 공을 차 달라고 한다면 실력이 늘까? 설령 누군가가 나 대신 공을 차 줄 수 있더라도, 나에게 축구 실력을 판단하는 안목이 없다면 나 대신 공을 차는 이가 잘하는지 못하는지 판단할 수 없기 때문에, 축구에 대한 최소한의 지식과 안목이 있어야 한다. 실력이 부족하더라도 자신이 직접 공을 차고 몸을 부딪쳐 가며 연습하는 과정을 거쳐야 축구 실력이 향상되는 것처럼, 글쓰기 역시 당장은 고통스러울지라도 스스로 쓰는 연습을 통해 글쓰기 능력을 길러야 한다.

변화하는 시대,
변함없이 갖춰야 할
쓰기 능력은 무엇일까?

❝ 어떻게 쓰는지를 아는 것보다 더 중요한 것이 있다고?

– "더 좋은 필자가 되고 싶어!"

'좋은' 화가는 어떤 화가일까? 세계를 실재처럼 묘사하는 사실적 표현 능력이 '좋은' 화가가 갖추어야 할 으뜸 원칙이었던 때가 있었다. 그런데 카메라가 발명된 후로는 그러한 능력보다 독창적인 발상, 새로운 의미를 포착하는 능력이 화가로서의 자질로 더 중시되어 왔다. 그렇다면 '좋은' 군인은 어떤 군인일까? 버튼 하나로 최첨단 무기와 수많은 드론을 움직일 수 있는 요즘에는 전쟁터에서 직접 적군과 맞서 싸우는 용맹함이나 신체적 전투 능력의 우수함이 좋은 군인이 지녀야 할 가장 중요한 자질이라고 보기는 어려울 것이다. 이처럼 우리가 어떠한 일을 수행할 때 갖추어야 할 능력은 시대와 사

회의 변화에 따라 달라진다.

그렇다면 인공 지능 시대에 '좋은' 필자가 갖추어야 할 자질은 무엇일까? 나아가, 과거에도 현재에도 미래에도 변함없이 우리가 갖추어야 할 단 하나의 쓰기 능력이 있다면 무엇일까?

그것은 '왜 글을 쓰는가?'에 대한 자기 나름의 답과, 스스로 좋은 글을 쓰고 싶어 하는 의지를 갖춘 필자가 되는 일일 것이다. 이를 '필자(저자)로서의 자의식' 혹은 **필자(저자)로서의 정체성**★이라고 부를 수 있다. 누구나 인공 지능을 사용하면 손쉽게 글을 쓸 수 있다는 것을 알지만, '쉽게 쓰인 글'이 좋은 글이 되기는 어렵다. 인공 지능은 만능이 아니기 때문에 인공 지능이 있다고 내가 좋은 필자가 되는 게 아니라, 내가 좋은 필자로서의 정체성을 갖춘 다음에 인공 지능을 활용해 글을 써야 좋은 글을 쓸 수 있는 것이다.

★ **필자(저자)로서의 정체성**
글쓰기를 수행하는 자신에 대한 일종의 메타적 인식. 글쓰기는 어떠한 장르라 하더라도 필자 자신의 정체성과 무관할 수 없으며, 글쓰기와 관련된 정체성은 글의 내용으로 구현되는 정체성(identity-in-writing)과 그러한 내용을 생산하는 주체로서의 정체성(identity-as-a-writer)으로 구성된다. 이 중 필자(저자)로서의 정체성은 후자를 의미한다.

> 인공 지능이 시와 관련되어 할 수 없는 일은 오로지 한 가지로 보인다. 왜 쓰는지 인공 지능은 알지 못할 것이다. 인공 지능은 왜 쓰는지 알지 못한 채 시를 쓰려 시도할 것이다. (중략) 사실 시인도 자신이 시를 왜 쓰는지, 명확한 이유를 밝히는 일에는 자주 인색하다.[5]

인공 지능은 손쉽게 글을 쓴다. 인간이 10분 들여서 쓸 글을 1초면 완성하고, 10시간 들여서 쓸 글을 10분이면 완성해 낸다. 그러나 그 자신이 왜 글을 쓰는지는 알지 못한다. '더 좋은 글을 쓰고 싶다.' 혹은 '더 좋은 필자가 되고 싶다.'고 바라면서 더 나은 글을 쓰기 위해 주체적으로 글을 써 내려가지는 못한다. 인공 지능에게는 필자로서의 자의식이 없기 때문이다. 자의식을 갖는 것은 반성 reflection이 일어날 때만 가능하다. 자기 자신을 비판적으로 돌아보고 평가하고 수정할 줄 알아야 한다는 의미이다. 이는 **상위 인지적**上位認知的 **사고**를 요하는 과정인데, 현재로서는 인공 지능에게 불가능한 일이다.

가령 어떤 한 편의 소설을 읽고 감동을 느꼈다고 해 보자. 그런데 나중에 보니 그것이 인공 지능이 쓴 글임을 알았다면, 우리의 감동은 어떻게 될까? 더 커질까? 아니면 작아질까? 혹은 그대로일까?

상상이 잘 안 된다면 다른 상황을 떠올려 보자. 어떤 인간 작가가 쓴 소설을 읽고 감동을 받았는데, 사석에서 그 작가를 실제로 만날 기회가 생겼다. 자신의 '팬심'을 고백하며 소설을 쓰게 된 계기를 묻자 그 작가가 "저는 소설에 대해 별 관심도, 아무런 애정도 없어요. 그냥 출판사에서 써 달라니까 공식에 맞춰서 기계적으로 쓴 거죠. 좋은 작가가 되고 싶은 마음도 없고요."라고 말하는 것을 들었다면, 그가 쓴 소설에서 이전과 같은 감동을 느낄 수 있을까?

글쓰기란 "필자 스스로가 가치와 대면하여 이를 자신의 것으로 새롭게 창출하는 과정"[6]이다. 우리는 자신의 글을 읽을 누군가를 잘 이해시키기 위해서, 혹은 누군가를 설득하기 위해서 글을 쓰기도 하지만, 궁극적으로는 우리 자신이 더 나은 인간이 되기 위해서 글을 쓴다. 독자들이 어떤 글에서 감동을 느끼는 것은 다들 손쉽게 지나쳤거나 이해하기 어려웠던 어떤 특정한 삶의 국면을 필자가 포착했거나, 그것을 이해하기 위한 필자 자신의 분투를 통해 그에 대한 나름의 새로운 답을 제시했기 때문일 것이다. 따라서 이미 나도 알고 너도 아는 것을 인공 지능이 반복해서 문자로만 옮겨 준 것을 좋은 글이라고 보기는 어렵다. 이는 역으로, 인공 지능을 활용해 글을 쓰는 사람이라도 필자 자신이 다루고 있는 삶의 국면이나 가치, 이론 등을 자신의 것으로 새롭게 창출하려는 노력과 의지를 동반한다면 좋은 글을 쓸 수 있고, 그러한 글을 쓰는 필자를 '좋은 필자'라고 할 수 있음을 의미한다.

인공 지능으로 글을 쓰면서 우리가 놓치기 쉬운 한 가지는 글쓰기와 내가 맺고 있는 관계에 대한 인식이다. 말하기와는 달리 글쓰기는 글을 쓰고 나면 내가 쓴 글이 화면 위, 혹은 종이 위에 하나의 산물로서 존재한다. 얼핏 보면 그 결과물을 산출해 내는 것이 글쓰기의 최종 목적인 것처럼 보이기도 한다. 그러나 글쓰기는 그 과정 속에서 나 자신과 긴밀하게 연결되어 있는 행위임을 기억해야 한다. 내가 글을 빚어내지만, 내가 쓴 글이 나를 빚어내고, 그렇게 빚어진 내가 다시 글을 빚어내는 변증법적인 과정이 곧 글쓰기인 것이다.

예컨대 "겨울철이면 매일 아침 아랫목의 이불 밑에 내가 입을 옷들을 넣어 두었다가 씻고 돌아온 내게 꺼내 주셨던 우리 엄마."라는 문장을 쓸 때에는 그때의 따뜻했던 옷의 촉감이나 엄마의 다정한 표정, 옷을 건네받을 때 느꼈던 안정감 같은 것들이 동반된다. 그러한 경험과 기억을 언어화하는 과정에서 필연적으로 '추운 날 상대가 조금이라도 더 따뜻하기를 바라는 마음이나, 매일 아침마다 아랫목에 옷을 놓아두는 정성 같은 것이 사랑이구나.'라고 이해하는 나 자신을 마주하게 될 수 있다. 또 그러한 이해를 바탕으로 다음 문장, 혹은 사랑에 대한 또 다른 글을 쓰기도 할 것이다.

그러나 인공 지능 글쓰기는 과정이 삭제된 채 결과물이 주어지기 때문에 글은 나와는 아무런 연결 고리가 없이 저 바깥에 있고, 나는 글을 쓰기 전과 조금도 달라지지 않은 채 존재할 가능성이 높다. 글은 산출되었지만 필자는 소외되는 상황이 벌어질 수 있다는 뜻이다. '좋은 필자'가 되기 위해서는 나은 텍스트를 산출하지 못할 것을 두려워할 것이 아니라, 나은 텍스트를 산출했지만 나 자신은 조금도 나아지지 않는 글쓰기를 두려워해야 한다. '좋은 글'을 쓰는 것보다 '좋은 필자'가 되기를 먼저 꿈꾸어야 한다. 어떠한 도구를 사용하더라도 결국 글의 수준은 필자의 수준을 넘을 수 없는 법이기 때문이다.

💬 '쓰기는 곧 다시 쓰기'라는 말의 의미는 무엇일까?

– 깊이 성찰하고 섬세하게 골라내기

앞에서 인공 지능 시대의 필자는 자기 조절 학습의 주체로서의 필자가 되어야 하며, 진행 상황을 계속적으로 점검하고 전략을 조정하는 역할을 맡아야 한다고 언급했다. 이것은 인공 지능 글쓰기 상황에서만 요구되는 것이 아니라, 원래부터 좋은 필자가 갖추어야 할 핵심적인 능력으로 여겨져 오던 것이다.

이미 오래전에 머레이D. M. Murray라는 작문 연구자는 "쓰기는 곧 다시 쓰기다Writing is rewriting."라고 말하기도 했고, 유명 작가 발자크H. de Balzac는 "위대한 글쓰기는 존재하지 않는다. 오로지 위대한 고쳐 쓰기만 존재할 뿐"이라는 문장을 남

기기도 했다. 오전 내내 시에 쓰인 쉼표 하나를 삭제하느라 시간을 다 보내 놓고, 오후에 돌아와 삭제했던 쉼표를 다시 집어넣었다는 작가 오스카 와일드Oscar Wilde의 일화도 있다.

"쓰기는 곧 다시 쓰기"라는 말은 무엇을 의미할까? 글쓰기는 본질적으로 언어를 골라내는 일에서부터 시작된다. 예컨대 일기를 쓰며 "친구가 만나기로 한 1시간 전에 약속을 취소해서 기분이 안 좋았다."라는 표현을 사용했다고 하자. 이때 '기분이 안 좋았다'는 표현은 사실 친구가 나와의 약속을 대수롭지 않게 여기는 것 같아 '서운했다'는 의미일 수도 있고, 갑자기 약속이 취소되어 일정이 비어 버린 것이 '당황스러웠다'는 의미일 수도 있고, 기대했던 일들을 못 하게 되어 '실망스러웠다'는 의미일 수도 있고, 친구에게 무슨 일이 있는지 '걱정되었다'는 의미일 수도 있을 것이다. 이렇게 나의 생각이나 감정을 표현하기에 가장 적절한 언어를 찾아 가는 과정, 그렇게 찾아지고 다듬어진 표현을 통해 내 생각과 감정을 더 잘 이해하는 과정이 곧 쓰기이다. 이는 단번에 이루어지는 것이 아니라 이전의 것보다 더 나은 언어를 찾고 다듬는 계속적인 다시 쓰기의 과정 속에서만 가능한 작업이라고 할 수 있다. 제아무리 훌륭한 작가의 글이라고 하더라도 다시 쓸수록, 더 좋은 글이 된다. 이와 관련하여 다음과 같은 논의도 있다.

픽셀의 수가 디스플레이의 해상도를 결정하듯, 글쓰기의 과정은 픽셀의 수를 늘리는 일과 같다. 픽셀들을 잘게 쪼개 하나의 픽셀과 그 옆의 픽셀이 세밀하게 구분될수록 해상도는 높아진다. 예컨대 오전에 인간에게는 '자유 의지가 있다'라고 표현했던 문장을, 오후에 다시 돌아가 '자유를 선고받았다'라고 표현하였다고 하자. 그 필자는 '자유를 부여받았다', 혹은 '자유를 선물 받았다'와 구분되는 표현을 통해, 선택의 여지가 없이 그러한 자유에 책임을 져야만 하는 인간의 존재에 대한 인식을 선명하게 갖게 되었다고 할 수 있다. 지금 당장 청자를 향해 말해야 하는 화자와 달리 필자는 상황에 적합한 언어를 찾을 때까지 글쓰기의 완료를 지연할 수 있다. 손쉽게 하나로 뭉뚱그리는 대신 머뭇거리면서 더 적확한 언어를 고를 수 있다. 언제고 멈추어 서서 그것의 실재에 대해 다시 한번 고민할 수 있다. 사고를 얼마만큼 진행했든 되돌아가서 자신이 쓴 것을 정정할 수 있다. 이것은 앞으로 앞으로 진전하는 시간적인 특성의 말하기와 달리, 쓰기만이 가지는 공간적이고 회귀적인 특성에 기인한다. 차이를 못 본 척 지나치는 대신, 지연하고, 머뭇거리고, 멈추고, 되돌아가 정정하면서 그것을 오래 응시하고 변별해 내는 힘을 길러 내는 과정이 글쓰기에 있다. 심지어 말하듯 쓰기를 주장했던 엘보우조차도 "나는 격식을 갖추지 않은 문체를 환영하면서도,

글쓰기가 겉치레가 아니라 실제로 좋은 것인 한, 가장 좋은 옷을 입은 고도로 우아하고 정제된 글쓰기 역시 사랑한다."(Elbow, 2012/2021: 251)라고 하였다. 세상 모든 옷 중에 최고의 옷이 아니다. 내가 가진 것 중에 '가장 좋은 옷'이다. 최고의 것이 아니라 최선의 것을 만들어 내는 과정, 최초의 것이 아니라 최후의 것을 향해 가는 과정, 이는 단순히 언어를 골라내는 문제가 아니라 삶에 대한 섬세한 접근 태도를 기르는 과정이 된다.[7]

위의 인용문은 글쓰기가 말하기와는 달리 본질적으로 공간적이고 **회귀적인 특성**★을 가진다는 점을 짚어 내고 있다. 이로 인해 "차이를 못 본 척 지나치는 대신, 지연하고, 머뭇거리고, 멈추고, 되돌아가 정정하면서 그것을 오래 응시하고 변별해 내는 힘"을 기를 수 있으며, 그럼으로써 필자는 "삶에 대한 섬세한 접근 태도"를 기를 수 있다고 말한다.

인공 지능 글쓰기에서도 이러한 다시 쓰기 과정은 변함없이 중요하다. 특히 인공 지능으로 쓴 글에는 자신의 정체

> ★ **회귀적 특성**
> 계획하고, 내용을 생성하고, 조직하고, 표현하고, 고쳐 쓰는 일련의 쓰기 과정에서 언제든 이전의 쓰기 단계로 돌아갈 수 있음을 뜻한다. 흔히 글을 잘 쓰는 사람이라고 하면 글씨를 단숨에 써 내려가는 '일필휘지(一筆揮之)'의 장면을 떠올리지만, 회귀적 수행을 반복하며 자신의 글을 점검하고 정교화해 나가는 것은 쓰기에 있어 본질적이면서도 필수적인 과정이다.

성이나 경험, 자신과 타인이 맺고 있는 관계, 그리고 삶을 바라보는 관점과 태도 등이 온전히 반영되기가 어렵다는 점에서, 산출된 글을 깊이 **성찰**하며 다시 쓰는 과정이 더욱 중요하다고도 할 수 있다. 인공 지능이 생산해 낸 글이 자신의 삶의 궤적이나 자신이 지향하는 삶의 태도를 적절히 반영하고 있는지, 그것이 자신의 정체성으로 받아들이기에 충분한 것인지 지속적으로 성찰하며 언어를 골라내는 과정이 필수적으로 동반되어야 하는 것이다.

예컨대 다음의 인공 지능 글쓰기 과정을 살펴보자.

> 만나기로 한 1시간 전에 갑자기 약속을 취소해야겠다는 친구의 메시지를 받았어. 친구에게 보낼 답장을 써 줘.
>
> 안녕! 갑자기 약속이 취소되어서 아쉬워. 다음에 다시 만날 약속을 잡아 보자.
>
> 서운한 마음을 포함해서 다시 써 줘.
>
> 안녕! 갑자기 약속이 취소되어서 조금 서운하네. 오늘 만나는 걸 기다리고 있었거든. 다음에 다시 만날 약속을 잡아 보자.

> 우리가 10년지기 친구거든. 걱정하는 마음을 포함해서 친근하게 다시 써 줘.

 안녕! 갑자기 약속이 취소되어서 조금 서운하기도 하고 걱정도 돼. 무슨 일이 있는 건 아니지? 무슨 일 있는지 모르겠지만, 다음에 꼭 다시 만나자. 항상 네 편이니까 잘 해결되길 바랄게.

위 사례에서 필자는 처음에 인공 지능이 작성해 준 답장을 보고는 서운한 마음을 포함한 다시 쓰기를 요청한다. 이는 친구의 메시지를 받고 자신이 느꼈던 감정에 '서운함'이 포함되어 있다는 것을 인식한 데서 비롯된 요청이라고 할 수 있다. 그리고 인공 지능이 다시 써 준 글을 보고 나서는 걱정하는 마음을 포함한 글을 재요청하는데, 이는 친구와 자신이 '10년지기'라는 관계성의 인식, 자신이 느꼈던 감정에는 '서운함'뿐만 아니라 '걱정하는 마음'도 포함되어 있다는 재인식이 모두 동반된 것이라고 할 수 있다. 몇 문장에 불과한 문자 메시지를 작성할 때에도 이렇게 다단한 다시 쓰기의 과정이 필요하다면, 더욱 복잡한 사유가 동반되는 글이나, 엄밀한 용어 사용과 구조가 요구되는 글에 대한 다시 쓰기의 필요성은 더 말할 것도 없을 것이다.

다행스럽게도 인공 지능 글쓰기의 장점 중 하나는 지치지 않고 끈기 있게 다시 써 준다는 것이다. 막연하게 머릿속에서 부유浮游하던 생각과 감정을 실제 언어로 구현된 (잠정적인) 결과물로 변환하여 가시적으로 보여 주기 때문에, 필자는 그에 대해 직관적으로 감각하고 검토하면서 자신의 사유와 표현을 종합적으로 조망할 수 있다. 이러한 검토를 토대로 삼아 한 단계씩 차근차근 다시 쓰기를 수행할 수 있는 것이다.

인공 지능 글쓰기가 인간의 글쓰기를 모두 대체해 버릴 우려에 대해, 많은 이들이 인공 지능 글쓰기는 초고 작성을 담당하게 하고 인간이 이를 최종 수정하는 역할을 맡으면 된다고 이야기한다. 물론 당연한 말이다. 그런데 해야 할 과제가 많을 때나, 글을 쓸 시간이 촉박할 때에도, 인공 지능이 써 준 글에 대해 "이만하면 됐다."라고 말하고 싶은 유혹을 이겨 내기는 쉽지 않은 일이다. 이는 앞에서 밝혔던 '더 좋은 필자가 되고 싶다'는 의지를 가지고, 현재의 글을 깊이 성찰하면서 더 나은 표현을 섬세하게 골라내려는 부단한 노력이 동반될 때만 가능한 일일 것이다. 흐릿했던 아이디어들이 조금씩 더 분명해지는 경험, 생각과 언어를 견주어 가며 그 둘의 거리를 조금씩 더 좁혀 가는 경험, 그러다 '내가 쓰려던 말이 바로 이거였어!' 싶은 단어와 문장과 글을 만들어 내는 경험, 그러한 경험이 모두 다시 쓰기에 있다. 그리고 그러한 경험 속에서 우리는 '좋은' 필자가 되어 간다.

Class 2.

인공 지능 글쓰기를 둘러싼 논쟁

인공 지능이
생성한 글은
누구의 것인가?

인공 지능이 저작권을 가질 수 있을까?

 인공 지능이 **저작권**을 가질 수 있을까? 혹은 우리가 글을 쓸 때 인공 지능을 공저자로 제시할 수 있을까? 인공 지능이 생성한 글은 과연 누구의 글일까? 이러한 질문들에는 생각보다 복잡한 법적이고 윤리적인 논쟁이 얽혀 있다.

 법적인 측면에서 첫 번째 질문에 대한 답부터 제시하자면, 인공 지능은 저작권을 가질 수 없다. 왜냐하면 우리나라 저작권법 제2조 제1호에서는 "저작물은 인간의 사상 또는 감정을 표현한 창작물을 말한다."라고 명시하고 있기 때문이다. 저작권을 갖기 위해서는 저작자가 인격적 주체, 즉 인간이어야 한다는 의미이다. 유럽이나 미국 등에서도 마찬가지로 인공 지능의 저작권 소유를 인정하지 않고 있다.

우리나라에서는 2021년 김태연 작가[1]가 인공 지능을 '소설가'로, 자신을 '소설 감독'으로 내세운 최초의 장편소설『지금부터의 세계』를 출판했다. 이후 2023년부터 지금까지 인공 지능을 공저자나 주저자로 제시한 출판물이 급격히 늘어나고 있는데(2025년 8월 현재 인공 지능이 '저자'로 표기된 국내 단행본만 전자책을 포함하여 1,300여 건에 이른다), 이 경우 인공 지능의 창작물에 아이디어나 창의성을 담아 2차 가공을 한 사람에게 최종적으로 저작권이 인정된다.

저작권이 '창작물을 만든 이(저작자)가 자기 저작물에 대해 가지는 배타적인 법적 권리'를 뜻한다고 하면, 내가 인공 지능을 활용해 글을 썼을 때의 저자는 '나'가 되는 셈이다. 다만 최근에는 인공 지능이 생성한 내용을 그대로 가져다 쓸 경우 표절로 간주하며, 다음과 같이 적절한 인용 표시를 할 것을 공식적으로 권고하고 있다.

APA 양식

- 기관명. (질문 생성 연도). AI 이름(Month Day version) [Large language model]. URL

예) OpenAI. (2025). ChatGPT(5) [Large language model]. https://chat.openai.com/

MLA 양식

- "(프롬프트)" 프롬프트. AI 이름, 버전, 기관명, 질문 생성일, URL

예) "바흐친의 '대화주의'에 대해 설명해줘" 프롬프트. ChatGPT, GPT-4o, OpenAI, 2025년 6월 15일, https://chat.openai.com/

Chicago 양식

- ○○○이 생성한 텍스트(Text generated by ○○○), 생성 날짜, 기관명, URL

예) ChatGPT가 생성한 텍스트(Text generated by ChatGPT), 2025년 12월 8일, OpenAI, https://chat.openai.com/

(ChatGPT에서 사용한 프롬프트를 본문에 작성하지 않은 경우 다음과 같이 각주에 추가.

ChatGPT가 생성한 텍스트(Text generated by ChatGPT), "바흐친의 '대화주의'에 대해 설명해줘"에 대한 답변, 2025년 12월 8일, https://chat.openai.com/)

그렇다면 글을 쓸 때 인공 지능을 활용했다는 사실만 명확히 밝힌다면 윤리적으로 아무 문제가 없는 걸까? 예컨대 "바흐친M. Bakhtin의 '대화주의Dialogism'에 대해 설명해 줘."라는 프롬프트를 입력하면 챗지피티(4o)는 다음과 같은 답변을 제시한다.

바흐친의 '대화주의'에 대해 설명해 줘.

 미하일 바흐친(Mikhail Bakhtin)의 '대화주의'(Dialogism)는 그의 문학 및 철학 이론에서 핵심적인 개념 중 하나입니다. 대화주의는 의미의 형성 및 해석이 단일한 관점이나 권위에 의해 결정되지 않고, 다양한 목소리와 시각의 상호작용 속에서 이루어진다고 주장합니다. 바흐친의 대화주의는 여러 주요 요소로 구성됩니다.

1. 대화적 관계
대화주의의 핵심은 대화적 관계입니다. 바흐친은 의미가 고립된 주체에 의해 형성되지 않고, 상호작용하는 여러 주체와 목소리들 사이의 관계 속에서 생성된다고 보았습니다. 즉, 문학 작품이나 텍스트는 다양한 인물들의 목소리와 의견이 상호작용하는 대화의 장으로 이해됩니다.

2. 다성성 (Polyphony)

> 바흐친은 문학 작품이 '다성적'이라고 주장했습니다. 이는 작품 내에서 다양한 인물들이 각기 다른 목소리와 시각을 가지고 있으며, 이러한 목소리들이 서로 충돌하고 대화하는 방식을 의미합니다. 이들 목소리는 각기 다른 사회적, 역사적 배경을 투영하며, 상호작용을 통해 의미를 생성합니다.

이렇게 인공 지능이 마련해 준 내용을 토대로 글을 쓰는 경우 인공 지능을 사용했음을 밝히는 것만으로는 어딘가 찜찜한 마음이 든다. 왜냐하면 제시된 인공 지능의 답변에는 해당 내용의 원출처가 제시되어 있지 않기 때문이다. 참고 문헌을 밝혀 달라고 인공 지능에게 요청하더라도 가짜 출처를 제시하는 경우가 많고, 이미 학습된 수많은 원출처의 내용들이 융해된 결과물에서 각각의 원출처를 밝혀 내기도 난처한 일이다. 인공 지능과 내가 협업하여 글을 썼다고는 하지만, 그 뒤에 바흐친이나 토도로프 T. Todorov 등 실제 핵심 아이디어를 제공한 원저자를 밝히지 않게 되는 셈이다. 이것은 또 다른 형태의 표절이 아닐까?

실제로 인공 지능이 미술, 음악, 글쓰기 등 다양한 분야에 활용되면서 생성형 인공 지능 개발 기업들에 대한 저작권 침해 소송이 빈번해지고 있다. 예컨대 미술 분야와 관련해서는 2023년 1월, 디지털 이미지를 판매하는 기업인 '게티이미지'가 자사가 구축해 온 1,200만 개 이상의 이미지를 무단 사용했다며 이미지 생성 인공 지능 기업인 스태빌리티에이아이StabilityAI에 소송을 제기했다. 같은 시기, 미국의 예술가 그룹 또한 예술가들의 동의 없이 인공 지능 훈련에 예술가들이 생산한 이미지를 사용했다며 스태빌리티에이아이, 미드저니Midjourney, 데비안트아트DeviantArt를 상대로 소송을 제기했다. 음악 분야에서도 2023년 6월 미국음반산업협회가 음악 생성 인공 지능 기업인 수노Suno와 유디오Udio에 저작권 침해 소송을 제기하기도 했다.

글쓰기 분야에서의 저작권 소송은 더욱 빈번하다. 기본적으로 생성형 인공 지능이 거대 언어 모델LLM, Large Language Model을 기반으로 하고 있기 때문이다.

- 뉴욕타임스 "AI 챗봇이 지재권 침해"…오픈AI와 MS 상대 소송[2]
- "엔비디아, 내 글로 AI 훈련시켜" 미 작가들 집단소송[3]

2023년 9월에는 『왕좌의 게임』 작가인 조지 마틴George R. R. Martin을 비롯한 미국 작가협회가 오픈에이아이OpenAI를 상대로, 2023년 12월에는 미국의 주요 언론사인 『뉴욕 타임스 The New York Times』가 오픈에이아이와 마이크로소프트 Microsoft를 상대로, 2024년 7월에는 영국 온라인 커뮤니티 맘스넷 Mumsnet 이 오픈에이아이를 상대로 각각 소송을 제기했다. 해당 인공 지능 기업들이 인공 지능 모델 훈련에 자사 사이트의 콘텐츠와 단어들을 불법으로 이용했다는 것이다. 이는 저작물을 학습 데이터로 사용하는 것이 저작권 침해인지 여부에 대한 사회적 합의가 사전에 이루어지지 않았기 때문에 벌어진 일이다.

❝ 인공 지능 시대 '윤리적인' 필자가 되기 위해서는?

　이렇듯 태생적으로 표절이나 저작권 침해의 우려를 안고 있는 생성형 인공 지능이지만, 이미 인공 지능 글쓰기는 우리 삶에 깊숙이 들어와 있다. 연구의 진실성과 신뢰성을 가장 중요한 가치로 여겨 다른 무엇보다 표절을 가장 심각한 윤리적 문제로 간주하는 학계에서도 챗지피티를 활용하거나 공저자로 등재한 학술 논문이 이미 출판된 바 있다.

　그러나 현재 학계에서는 '인공 지능을 공저자로 등재하는 것이 적절한가'에 대해서 부정적인 입장을 취하고 있다. 이는 인공 지능이 자신의 연구 작업이나 논문의 내용 및 진실성에 대한 책임을 질 수 없기 때문이라는 이유에서 그러하다.

자율주행 자동차 보안 취약성 및 솔루션 조사	
저자	박재경(JaiKyung Park); 강승윤(SeungYoon Kang); Chat-GPT
학술지명	한국컴퓨터정보학회
권호사항	한국컴퓨터정보학회 학술발표논문집
발행연도	Vol.31 No.2 [2023]
작성언어	Korean
주제어	Autonomous Mobility(자율주행 자동차); Hyper-Connectivity(초연결성); Network(네트워트); V2X(Vehicle to Everything); Vulnerability(취약성); Solution(솔루션)
KDC	004
자료형태	학술저널
발행기관 URL	http://www.ksci.re.kr
수록면	615-616(2쪽)

챗지피티를 공저자로 등재한 학술 논문의 사례

저명한 국제 학술지인 『사이언스Science』나 『네이처Nature』 모두 인공 지능을 저자로 인정하지 않고 있다. 그렇다면 인공 지능은 정말 공저자가 될 수 없는 것일까? 그 이유는 무엇일까? 이 질문에 답하기 위해서는 먼저 '저자著者, author'의 개념에 대해 명확하게 알아야 한다.

학술 출판 단체 중 출판 윤리 분야에서 주된 역할을 하는 국제의학학술지편집인협의회ICMJE, International Committee of Medical Journal Editors에서는 다음 요건을 충족할 때 저자 자격을 부여한다.[4]

---

1. 연구의 개념, 설계, 데이터의 수집, 분석, 해석에 대한 유의미한 기여
2. 연구에서 지적인 내용이 담긴 부분에 대해 초안 작성 및 비판적 수정에 참여
3. 연구물의 출판 전 최종 버전을 승인
4. 연구의 정확성이나 진실성에 관련된 질문이 적절하게 조사되고 해결되도록 보증하고, 연구의 모든 측면에 대해 책임을 진다는 것에 동의

이러한 자격 조건에 따르면, 인공 지능은 연구에 '유의미한 기여'를 하거나 연구 '초안 작성 및 비판적 수정'에 참여할 수는 있을 것이다. 그러나 결정적으로 인공 지능은 '연구의 정확성이나 진실성'을 '보증'하거나, '연구의 모든 측면에 대해 책임'을 질 수는 없다는 점에서 저자의 지위를 갖기 어렵다. 이는 다시 말해, 우리가 저자가 되기 위해서는 '연구의 정

확성이나 진실성'을 '보증'하거나, '연구의 모든 측면에 대해 책임'을 지는 주체가 되어야 한다는 의미이기도 하다.

이는 **저자성**著者性, authority으로 설명할 수 있다. 저자성이란 넓게는 '저자가 자신의 글쓰기 행위, 독자, 쓰기 대상과 관련하여 이해하고 설정한 자신의 관계적 역할'을 뜻하며, 좁게는 '주체성, 책임성, 민감성을 갖춘 필자로서의 정체성'을 의미한다.[5]

인공 지능 글쓰기 시대에 우리가 갖추어야 할 단 하나의 윤리가 있다면 바로 저자성을 담지한 필자가 되는 일일 것이다. 글쓰기에 있어 유의미한 내용을 산출하는 것도 중요하지만, 그 내용이 정확한지, 진실한지, 나의 삶이나 인식과 조응하는지, 가치 있는 내용인지, 더 나은 미래를 만드는 데 기여하는지 등에 대해 민감하게 반응하는 것은 인공 지능이 대신해 줄 수 없는 인간 필자만의 영역이기 때문이다. 그리고 자신의 언어에 전적으로 책임을 지며 더 나은 사유를 위해 주체적으로 애쓸 때 비로소 우리는 자신의 글에 대해 권위authority를 가진 저자author이자 윤리적인 필자가 될 수 있다.

필자인가, 사용자인가?

인공 지능은 인간의 글쓰기를 대체하는가?

> '김옥균, 혁명가인가 반역자인가?'에 대한 답변을 작성해 주세요.

 김옥균(1851-1894)은 조선 말기의 개화파 정치가로, 그의 생애와 활동에 대한 평가가 다양하게 존재합니다. 그가 혁명가인지 반역자인지에 대한 논쟁은 오늘날까지도 이어지고 있습니다. 이 질문에 대해 더 깊이 이해하기 위해서는 그의 주요 활동과 역사적 맥락을 살펴볼 필요가 있습니다.

혁명가로서의 김옥균
1. 개화사상의 선구자: (중략)

> 2. 갑신정변: (중략)
>
> 3. 근대화 추진: (중략)
>
> **반역자로서의 김옥균**
>
> 1. 전통적 가치와의 충돌: (중략)
>
> 2. 외세 의존: (중략)
>
> 3. 갑신정변의 실패와 그 후유증: (중략)
>
> **결론**
>
> 김옥균을 혁명가로 볼 것인지 반역자로 볼 것인지는 그를 평가하는 시각과 관점에 따라 달라집니다. 그는 분명히 조선의 근대화를 위해 노력한 인물이었지만, 그 과정에서 전통적 가치와의 충돌, 외세 의존, 그리고 급진적인 개혁 시도로 인해 다양한 평가를 받을 수밖에 없었습니다. 오늘날에는 그의 개혁 의지와 노력이 재평가되면서, 그를 혁명가로 보는 시각이 점점 더 널리 받아들여지고 있습니다. 그러나 그의 활동이 당시 조선 사회에 끼친 혼란과 부작용을 무시할 수는 없기에 반역자로 보는 시각도 여전히 존재합니다.

위 사례는 '한국사' 수업에서 '김옥균, 혁명가인가 반역자인가?'라는 논제로 보고서 과제를 받은 학생이 인공 지능에 입력한 프롬프트와 그 결과물이다. 인공 지능이 작성한 글만을 보면, 인공 지능이 인간의 글쓰기를 대신할 수 있는 것처럼 보이기도 한다. 중요한 정보와 그렇지 않은 정보를 구별하여 내용을 요약하거나, 이유나 근거를 들어 논증할 수도 있기 때문이다.

그러나 인공 지능을 사용하여 인간과 비슷한 결과물을 만들어 냈다고 해서, 이를 근거로 인공 지능에 의존해 과제를 제출한 학생의 능력이 높다고 평가할 수 있을까? 이 학생은 김옥균에 대한 지식을 충분히 쌓았다고 볼 수 있을까? 또는 보고서 작성을 통해 사건들 사이의 영향 관계에 대해 설명하고 그 의미를 해석하는 고차원적인 글쓰기 능력을 갖추었다고 할 수 있을까? 인공 지능으로 자동 생성된 글에 대한 평가로 학생에게 점수를 부여하는 것에 대해 모두가 동의할 수 있을까?

이처럼 기계가 인간의 행위를 대신하고 그 속성이 서로 유사하다고 해서, 기계가 인간의 글쓰기를 대체한다고 할 수는 없다. 이때의 결과물은 필자의 의식적 사고를 반영한 의미 구성의 결과가 아니라, 단순히 기계적으로 생성된 것이기 때문이다.

인공 지능이 생성한 텍스트가 인간의 글쓰기로 인정받으려면 초고 생성 이전의 계획 단계(프롬프트 구성)뿐 아니라 기계가 생성한 초고에 대한 충분한 의식적 사고와 행동이 뒤따라야 한다. 기계가 자동 생성한 텍스트는 필자가 글을 쓰는 데 필요한 사고의 틀을 잠정적으로 형성해 줄 수 있지만, 이를 인간의 결과물로 인정받기 위해서는 필자의 주도적 과정이 더 필요하다. 인공 지능이 기존의 디지털화된 데이터를 바탕으로 자동 생성한 텍스트를 최종 결과물로 사용하는 것은 인간의 글쓰기로 볼 수 없다. 이 경우 필자는 단순히 인공 지능 기술의 '사용자'일 뿐, 텍스트의 의미를 구성하고 문제를 해결하는 글쓰기 주체로서의 능력과 정체성을 갖추지 못한 것이다.

인공 지능이 생성한 텍스트가 필자의 글로 인정받기 위해서는?

그러면 인공 지능이 생성한 텍스트가 인간 필자의 글로 인정받기 위해서는 어떤 요건이 필요할까? 이와 관련하여 최근 주목받고 있는 개념 중 하나는 **변형적 재사용**transformative reuse이다.[6] 이 개념은 매개 문서mediating documents(최종 글 이전에 생성된 일련의 가시적 산출물)로부터 진전된 문서evolving documents(완성된 최종 글)로 변화하는 과정을 설명하여, 이러한 조건에 대한 단서를 제공한다.

이에 따르면, 인공 지능이 생성한 텍스트는 최종 글로 완성되기 전의 임시 결과물(매개 문서)이다. 이는 전통적인 글쓰기에서 메모, 스크랩, 개요 등과 같이 과제의 목적이나 장르가 명확하지 않은 간(間)장르적 속성의 '장르 집합genre sets'이라 할 수 있다. 이제 필자는 글의 목적이나 장르를 미리 설정하기도 하지만, 여러 매개 문서를 만든 후에 이를 통합하고 발전시키면서 최종적으로 결정하기도 한다. 그리고 인공 지능이 생성한 텍스트를 읽고 나서 궁금한 점을 질문하거나, 질문의 초점을 명료히 하여 더 구체적인 프롬프트를 만들 수도 있다. 또 과제의 맥락과 조건에 맞게 텍스트를 수정하도록 요구할 수도 있다. 지금까지는 매개 문서를 의사소통 주체가 주로 직접 생성하고, 그 과정에서 의사소통 주체의 의식적 주의가 반영되었다. 이제는 인공 지능이 매개 문서 생성 과정에 본격적으로 개입함으로써, 글쓰기의 주체적 역할과 분담 방식이 새롭게 조정되고 있다.

다음과 같은 프롬프트 목록을 앞 사례에 이어 인공 지능에 추가로 입력해 볼 수 있을 것이다.

> 9세기 말 조선의 정치와 사회 상황을 설명하고, 김옥균이 왜 개혁을 시도했는지 이야기해 주세요.

> 갑신정변이 실패한 이유를 분석하고, 만약 성공했다면 조선 사회가 어떻게 달라졌을지 상상해 보세요.

> 김옥균이 일본의 도움을 받은 것이 그의 개혁 의도를 훼손했다고 생각하나요? 왜 그렇게 생각하는지 설명해 주세요.

> 김옥균의 활동과 사상을 박영효, 서재필 같은 다른 개화파 인물들과 비교하여 평가해 주세요.

> 김옥균의 개혁 사상이 오늘날 한국 사회에 어떤 의미가 있는지, 현재의 한국 정치와 사회 상황과 연결해서 설명해 주세요.

> 김옥균에 대한 역사가들의 다양한 평가를 조사하고, 왜 그런 평가가 나오는지 설명해 주세요.

> 김옥균을 혁명가로 보는 입장에서, 그를 반역자로 보는 것이 왜 맞지 않는지 반박해 주세요.

그러나 여기에 한 가지 주목할 점이 있다. 이러한 프롬프트마저도 필자의 의식적 주의 없이 기계에 의존하여 생성할 수 있다는 것이다. 실제로 위 프롬프트 목록은 "앞 내용에 대해 추가적인 질문을 던지거나 질문의 초점을 명료히 하기 위해, 또는 과제의 맥락과 조건(예: 고등학교 토론 대회)에 맞게 변형하도록 요구하기 위해 어떤 프롬프트를 더 만들어 볼 수 있을까요?"라는 프롬프트를 입력하여 얻어 낸 결과이다.

이처럼 인공 지능 시대에는 텍스트가 의사소통 주체의 의식을 거치지 않고 기계의 도움을 받아 자동 생성될 수 있는 가능성을 완전히 배제하기 어렵다. 이렇게 생성된 텍스트는 의사소통 주체의 의도나 상황과 괴리될 수 있다.

그러나 기계에 완전히 의존하고 인간의 의식적 주의가 전혀 반영되지 않은 텍스트를 필자의 글로 보기는 어려울 것이다. 이는 일반적으로 기계가 작성한 텍스트의 오류를 자신의 잘못으로 받아들이지 않는 것과 비슷한 원리이다. 그러므로 인공 지능을 활용하여 글을 쓸 때에는 외부 자원이나 기계가 만든 텍스트를 종합적으로 '재사용'하되, 능동적으로 '변형'하여 의사소통 주체의 언어로 만드는 것이 중요하다.

❝ 필자로서 성장한다는 것, 그 의미는 무엇인가?

그렇다면 인공 지능 글쓰기에서 필자의 역할은 어떻게 규정할 수 있을까? 이전에 글을 쓸 때에는 필자에게서 아이디어를 생성하고 문자 언어의 형식적 제약을 충족하는 '문제 해결자problem-solver'로서의 역할이 부각되었다면, 인공 지능 시대에 글을 쓸 때에는 보다 상위의 차원에서 글쓰기의 과정과 결과를 기획하고 통제하는 '사전 계획자pre-planner', '초고 후 수정자post-draft revisor'로서의 역할이 더욱 중요해진다.[7]

학습 이론에서는 이러한 필자의 사고 과정을 자기 조절 학습self-regulated learning, SRL으로 설명한다. 자기 조절 학습은 "학습자가 추구하는 목표를 가지고, 학습자 스스로의 선택과 자율적인 의지에 의해 인지, 동기와 정서, 행동, 환경적 차원의 통제와 조절을 체계적으로 활성화해 나가는 과정"을 말한다.[8] 이 개념은 앨버트 반두라Albert Bandura의 사회적 학습 이론social learning theory에 바탕을 두고 있으며, 학습자가 환경과 상호 작용하며 학습을 진행하는 방식에 중점을 둔다.

자기 조절 학습은 목표 설정하기goal setting, 진행 상황 점검하기monitoring progress, 전략 조정하기adjusting strategies 등을 포함해 개인이 자신의 학습을 관리하는 과정들로 구성된다. 인공 지능 글쓰기에 참여하는 필자는 자기 조절 학습의 주체agent로서 다음과 같은 질문들을 스스로에게 던져 볼 수 있다.

- 인공 지능이 생성하기를 원하는 내용이 무엇인가? (목표 설정하기)
- 인공 지능이 생성한 산출물이 적절한가? (진행 상황 점검하기)
- 필자가 원하는 바에 맞게 인공 지능이 텍스트를 생성하기 위하여 프롬프트를 어떻게 바꾸어 투입할 것인가? (전략 조정하기)

이처럼 인공 지능 시대에 필자는 문제를 직접 해결하는 '실행자executor'로서의 역할에서 나아가, 기계와의 상호 작용

을 통해 글쓰기를 기획하고 통제하는 '설계자designer', '관리자manager'로서의 역할이 더욱 중요해진다. 필자는 글쓰기 과정에서 인공 지능이 생성하는 내용의 방향성을 결정하고, 그 결과물이 목표에 맞고 적절한지 평가하며, 필요에 따라 프롬프트를 조정하여 텍스트를 유연하게 만들 수 있어야 한다. 이는 환경과의 상호 작용을 통해 배움을 주도적으로 이어 가는 자기 조절 학습의 방식과 유사하다. 이러한 과정을 통해 필자는 자신의 글쓰기 능력을 지속적으로 발전시키고, 인공 지능과 협력하여 더 나은 결과물을 창출할 수 있다.

인공 지능은 정말 만능일까?

❝ 글쓰기 환경은 어떻게 변화해 왔을까?

    글쓰기에서 중요한 것 중 하나가 글의 내용을 구성하는 글감을 찾는 일이다. 우리는 항상 무언가에 대해 글을 쓴다. 글을 쓴다는 것은 곧 무언가에 대해 할 이야기가 있다는 것이다. 이 '무언가'가 무엇인지에 따라 글의 장르나 목적, 주제가 달라지고, '무언가'를 어떻게 풀어내느냐에 따라 글의 구조, 문체, 어조, 문장과 어휘의 사용 등이 달라진다.

    지금은 상상조차 어렵지만, 인터넷이 발달하기 이전에는 글감을 탐색하는 것 자체가 쉽지 않은 일이었다. 필자가 온전히 자신의 경험이나 사유로부터 글감을 생성해 내는 경우를 제외하고는 글감이 될 만한 자료들이 대부분 종이로 된 물리적 자료들이었기 때문이다. 그래서 어떤 자료나 정보를 찾으려면 직접 도서관에 가서 서가들 사이를 오가며 적당한 문헌을 찾거나 종이 신문을 뒤적이며 일자별로 기사를 훑어보아야 했다.

물론 지금은 인터넷이 있어 일일이 그런 수고를 들이지 않아도 된다. 본격적인 인터넷 시대의 막이 오르고, 검색어만 입력하면 방대하고 다양한 정보를 자동으로 출력해 주는 '포털'이 등장하면서 정보에 접근하는 방식이 획기적으로 변화했다. 포털에서 어떤 검색어를 입력하면 그에 관한 뉴스, 이미지, 동영상, 도서, 쇼핑, 광고 등 엄청난 양의 정보들이 쏟아진다. 검색을 통해 필요한 정보는 물론이고 부차적 정보, 심지어는 불필요한 정보들까지 손쉽게 얻을 수 있게 되면서 우리는 '정보의 바다'에서 '정보의 홍수'를 겪고 '정보의 미로'에 갇히는 아이러니한 상황을 마주하기도 한다.

그런데 바로 이러한 점 때문에, 어쩌면 우리는 오히려 인터넷을 주체적으로 사용할 수 있었다. 많고 많은 정보 중에 나에게 꼭 필요하고 유용한 것을 가려내기 위해서는 검색 결과로 제시된 다양한 정보들을 훑어보기도 하고, 때에 따라서는 하나하나 유심히 살펴보아야 하기 때문이다. 어떻게 보면 인터넷 검색을 통해 여러 자료를 모으고 나름대로 재배열하는 일명 '짜깁기'는, 인공 지능의 답변 내용을 그대로 복사해서 붙여 넣는 이른바 '복붙'에 비하면 보다 수준 높은 작문 능력이 요구되는 일인 것이다.

최근 들어서는 글쓰기에 앞서 직접 여러 정보를 탐색하고 그 결과를 종합하는 수고도 들이지 않을 수 있게 되었다. 최근의 검색 트렌드가 포털 중심에서 영상 위주의 플랫폼이나 인공 지능 기반의 서비스로 옮겨 가기 시작하면서부터이다. 오늘날 우리는 정보를 탐색하기 위해서라기보다 정리된 결과물을 얻기 위해 인터넷을 사용하는 경향이 있다.

일례로 접착제를 바른 손을 길바닥에 붙여 차량과 행인들의 통행을 막는 것과 같은 '환경 단체의 과격 시위'에 대해 글을 쓴다고 할 때, 예전이라면 글감 탐색의 일환으로 필자가 직접 환경 단체나 운동가들이 하는 일, 환경 시위의 기능, 과격한 환경 시위의 사례, 과격한 환경 시위가 비판받는 이유, 과격하게라도 환경 시위가 필요한 이유 등을 폭넓게 찾아보고 쓰고자 하는 글에 필요한 정보들을 우선순위에 따라 정리하는 과정을 거쳤을 것이다. 그런데 이제는 인공 지능 기반의 챗봇 서비스에 "환경 단체의 과격 시위를 옹호하는 혹은 비판하는 글을 써 줘."라고 명령어를 입력하기만 해도 한 편의 글이 뚝딱 완성되어 나온다. 비록 필자로서의 정체성은 옅어졌을지언정, 아주 손쉽고 간편하게 글쓰기가 가능해진 것만은 분명하다.

똑똑한 인공 지능, 그만큼 공정하기도 할까?

인터넷 시대의 도래가 그러했듯, 시대의 변화와 흐름은 사실상 거역하기가 힘들다. 특히 묻기만 하면 훌륭한 답변을 내주는 생성형 인공 지능 서비스가 등장한 이후 정보 탐색의 핵심은 '무엇을 물어서 무엇을 얻을 것인가'가 되었다. 필자가 필요한 것, 원하는 것을 직접 탐색하는 과정이 생략된 글쓰기에서 인공 지능이 차지하는 역할과 비중은 매우 클 수밖에 없다. 그렇다면 문제는 인공 지능이 제시하는 정보를 과연 얼마나 신뢰할 수 있는가이다. 어떤 질문에도 막힘없이 술술 답변을 하고 모르는 것이 없어 보이는 인공 지능, 정말 만능일까? 몇몇 사례를 살펴보자.

> **세계 역사에서 중요한 사건 몇 가지를 알려 주세요.**

 세계 역사에서 몇 가지 주요한 사건들을 소개합니다:

1492년 콜럼버스의 아메리카 대륙 도착
1789년 프랑스 혁명
1914-1918년 제1차 세계 대전
1939-1945년 제2차 세계 대전
1969년 인간의 달 착륙
1989년 베를린 장벽 붕괴

이러한 사건들은 세계 역사에 지대한 영향을 미쳤으며, 현대 사회의 형성과 발전에 중요한 역할을 했습니다.

챗지피티가 소개한 주요 역사적 사건들과 기술 혁신의 사례에는 한 가지 공통점이 있다. 대부분 서양 중심의 사례들이라는 점이다. 예를 들어 역사적 사건으로 중국의 청나라 붕괴(1911)라든지, 인도의 독립 운동(1947), 아프리카의 탈식민지화 운동 등도 세계 역사에 큰 영향을 미쳤고, 기술 혁신으로 중국의 4대 발명품으로도 꼽히는 제지술과 인쇄술, 인도의 숫자 체계 발전, 중동에서의 천문학 발전 등도 인류의 생활 방식에 큰 변화를 가져왔으나, 챗지피티는 이에 대해 언급하고 있지 않다.

물론 대화형 챗봇의 특성상 대화의 맥락이 답변에 영향을 주기도 하고, 어느 시점에 무슨 질문으로 묻는지에 따라 답변의 내용이 다소 달라지기도 할 것이다. 그러나 챗지피티가 내놓는 답변들에는 어쩔 수 없이 챗지피티의 태생이나 주 학습 데이터의 언어와 같은 환경적 요인이 반영되어 있다. 이러한 특성을 '**담화 관습***의 편향성'이라고 한다.

다른 예로 "꼭 읽어 봐야 하는 세계 문학 작품을 추천해 줘."라는 요청에 대한 답변도 크게 다르지 않다. 윌리엄 셰익스피어의 「햄릿」, 스콧 피츠제럴드의 「위대한 개츠비」, 조지 오웰의 「1984」, 제롬 데이비드 샐린저의 「호밀밭의 파수꾼」 등 챗지피티의 추천 목록은 영어를 사용하는 서구권에 뿌리를 둔 작품들이 대부분이다. 챗지피티가 출시된 초기와는 달리 지금은 차차 가브리엘 가르시아 마르케스의 「백 년의 고

> ★ 담화 관습
> 특정 사회와 문화가 공유하는 언어 사용 방식. 인공 지능이 제시하는 글 역시 학습된 담화 관습의 편향을 반영할 수 있다. 따라서 국어 교육에서는 학습자가 인공 지능이 제공하는 정보를 그대로 수용하기보다, 그 속에 담긴 담화적 배경과 한계를 인식하고 비판적으로 활용하는 역량을 기를 수 있도록 해야 한다.

독」(라틴아메리카), 레프 톨스토이의 「안나 카레니나」(러시아), 프란츠 카프카의 「변신」(독일) 등 다른 문화권·언어권의 문학 작품들을 답변에 포함하게 되었지만, 여전히 무라카미 하루키(일본)라든지 치누아 아체베(나이지리아), 할레드 호세이니(아프가니스탄)의 작품 등 비서구권의 다양한 역사적·문화적 배경을 담고 있는 주요 작품들은 잘 언급되지 않는다.

이렇게 보면, 아무리 인공 지능이라도 마냥 만능이라고는 할 수 없을 것 같다. 원인이 무엇이건, 결과물의 내용이 어느 한쪽으로 편향되어 있을 가능성이 있기 때문이다. 사실 인공 지능이 그간 보여 온 편향은 꽤 다양하다. (대화형 인공 지능의 경우 지금은 많이 개선되었지만) "좋은 리더의 자질을 갖춘 인물"에 대해 묻거나 자료를 요청하면 "대체로 남성들이 좋은 리더로서의 자질을 더 많이 보유하고 있다."는 내용이 답변에 포함되기도 하고, 특정 성별에 치우쳐 '좋은 리더'의 이미지가 생성되기도 한다(다음 페이지 그림 참고).

범죄 및 빈곤과 관련한 주제에서는 특정 국가나 인종이 주로 언급되는 불균형도 나타난다. 챗지피티에게 '글로벌 범죄의 사례'에 대해 물으면 서구권을 제외한 지역의 사례를 주로 소개하고, 이미지 생성 인공 지능에 '전 세계적인 빈곤 문제'를 그려 달라고 요청하면, 대개 백인을 제외한 인종이 빈곤을 겪고 있음을 전제로 한 결과물을 보여 준다.

생성형 인공 지능 서비스 '코파일럿(copilot)'에 "좋은 리더의 자질을 갖춘 인물의 이미지"를 요청했을 때의 결과물

코파일럿에 "전 세계적인 빈곤 문제의 이미지"를 요청했을 때의 결과물

> **글로벌 범죄의 사례를 알려 주세요.**

 몇 가지 주요 글로벌 범죄 사례를 소개합니다:

- 인신매매: 2019년 39명의 베트남 국적자들이 유럽으로 밀입국을 시도하다 화물 트럭에서 질식사한 사건
- 마약 밀매: 세계 최대의 마약 카르텔 중 하나인 시날로아 카르텔을 이끌며, 막대한 양의 마약을 미국 등지로 밀매한 멕시코의 호아킨 구스만
- 테러리즘: 2001년 알카에다가 미국 뉴욕의 세계 무역 센터와 워싱턴 D.C.의 펜타곤을 대상으로 한 테러 공격
- 불법 무기 거래: 리비아, 시리아 등에서 활발히 이루어지고 있는 불법 무기 거래
- 위조와 지적 재산권 침해: 중국과 인도의 일부 지역에서 대규모로 위조 상품을 생산하여 전 세계로 유통하는 사례

이러한 문제들은 대한민국에 살고 있는 우리와 직간접적으로 얽혀 있기 때문에 편향된 고정 관념임을 상대적으로 쉽게 파악할 수 있다. 그런데 만약 우리가 잘 알지 못하는 주제에 대해 편향되거나 왜곡된 정보를 제공받는다면 어떨까? 챗

지피티에게 "아프리카의 주된 생활 방식"에 대해 물으면 다음과 같이 답변한다.

> 1. **농업과 목축**: 많은 아프리카 국가에서 주요 생계 수단은 농업과 목축입니다.
> 2. **사냥과 채집**: 일부 지역에서는 사냥과 채집을 통해 음식을 확보하는 전통적인 방식을 유지하고 있습니다.
> 3. **어업**: 아프리카 대륙의 약 40개국은 바다나 강에서 어업을 주요 생계 수단으로 삼고 있습니다.
> 4. **공예와 거래**: 많은 부족은 전통적으로 공예품 제작을 통해 수익을 창출합니다.

알고자 하는 것을 묻고, 그에 대해 인공 지능이 자세하고 친절하게 이와 같이 답변한다면 대부분은 이 자체를 사실로 받아들인다. 챗지피티의 이러한 답변에 아프리카의 다양한 현대적 생활 방식과 문화를 경시하는 편견이 반영돼 있다고 생각하기 어려운 것이다. 사실 최근의 아프리카는 세계 어느 지역보다 현대화와 서구화가 빠르게 진행되고 있으며, 그에 따라 전통문화가 사라지는 것이 사회·문화적 문제로 대두되고 있다. 이에 우리나라의 민속촌처럼 사라져 가는 전통문화를 직접 체험할 수 있는 마을(예: 에바페 문화 마을)을 인위적으로 조성하여 단절된 과거와 현재를 잇도록 하는 노력도 기울이고 있다. 이런 현실에 비추어 볼 때, 챗지피티가 제공하는 친절하고 자세한 정보는 얼마나 신뢰할 수 있을까?

인공 지능는 만능일 수 없다. 아무리 인공 지능이라도 모든 것의 모든 것을 다 알 수 없고, 항상 정확하고 틀림없는 사실만을 말해 주지도 않는다. 이처럼 인공 지능에도 빈틈이 있다면, 그 틈을 메꾸는 것은 이제 우리의 몫이다. 물론 지금 나타나는 문제의 대부분이 인공 지능 자체적으로 학습 모델의 다양성을 확보하고, 편향 제거 기술을 적용하는 등 점진적으로 해결되겠지만, 우리도 인공 지능이 제공하는 자료나 정보를 비판적으로 평가하며 다양한 관점을 고려하려는 노력을 기울이는 것이 필요하다.

특히 인공 지능을 글쓰기의 도구로 일부 활용하고자 한다면, 제공받는 정보나 자료에 인종, 문화, 성적 지향, 신체적 특성 등에 대한 편향된 고정 관념이 포함되어 있지는 않은지, 다른 문화나 인종의 민감한 이슈를 경시하거나 부적절하게 다루는 등 문화적 민감성이 결여되어 있지는 않은지, 특정 인종이나 문화를 기준으로 삼아 그것만이 정답이고 사실인 것처럼 알려 주고 있지는 않은지 비판적으로 따져 볼 필요가 있다.

Class 3.

인공 지능 글쓰기의 유형

업무 상황에서 인공 지능 글쓰기는 어떻게 도움이 될까?

😖 인공 지능을 활용한 업무적 글쓰기, 언제 유용할까?

- 연구부장: 김○○ 선생님, 우리 이번 학기에 교사 역량 강화 예산 편성한 것과 관련해서 프로그램을 좀 기획해야 할 것 같은데 혹시 아이디어 있나요? 에듀테크 관련 연수도 좋을 것 같고, 교사별로 맞춤형 프로그램을 기획해서 진행해도 좋을 것 같은데. 혹시 다른 학교들에서는 어떤 프로그램 진행했는지 조사 먼저 해 줄 수 있나요?
- 대학교 학과 동기: ○○야, 우리 이번 학과 학술 답사 관련해서 지도 교수님이 일정 정해졌냐고 물어보시던데? 네가 학술부장이니까 프로그램 운영 계획서 초안 좀 작성해 주면 좋을 것 같아.
- 동아리 부원: ○○야, 이번에 우리 자율 동아리에서 탐구 활동한 거,

Class 3. 인공 지능 글쓰기의 유형

보고서 내가 맡은 부분 다 썼거든? 혹시 부족한 부분 있는지 검토 좀 부탁해도 될까? 내가 탐구 보고서 작성은 처음이어서.

- 학년부장: 박○○ 선생님, 저희 등굣길 포장 공사 때문에 내일 전 학년 교외 체험 학습으로 교육 과정 변경하여 실시하기로 한 거 공문은 나갔는데 확인을 안 한 학부모님들이 많으시네요. 종료 시간이랑 유의 사항 포함해서 안내 문자 메시지 좀 보내 주세요.

- 이 교사: 최○○ 작가님, 잘 지내셨지요? 저번에 글쓰기 교육 관련해서 특강 부탁드렸던 게 벌써 이번 주 토요일이네요. PPT 원고를 내일까지 미리 보내 주시면 강의실에 설치해 두겠습니다.

- 성 연구사: 신○○ 교수님, 안녕하세요. 가을 학기 본 연수원에서 실시하는 '중등 교사를 위한 문해력 교육 톺아보기 연수'의 강사를 맡아 주셔서 감사드립니다. 연수는 4주로 진행될 예정인데요, 다음 주 월요일까지 연수 제목이랑 주차별 연수 계획 좀 보내 주실 수 있으실까요?

우리는 저마다 다양한 일들을 수행하며 하루하루를 살아간다. 학생이든 직장인이든, 우리가 해야 하는 수많은 업무는 대개 읽고 써야 하는 일들이다. 새로 시작할 프로그램에 대한 자료 조사도 해야 하고, 새로운 아이디어도 도출해야 하고, 프

로그램 기획도 해야 하고, 계획도 세워야 하고, 보고서도, 논문도 써야 하고, 메시지나 메일을 보내야 하기도 하고, 내가 썼던 글이나 남이 써 준 글 검토도 해야 하고, 발표 프레젠테이션 준비도 해야 하고…. 때로는 이 많은 일들이 한꺼번에 몰아닥치기도 한다. 읽고 써야 할 일거리들이 산더미 같은 업무 상황에서 인공 지능은 업무를 보조하는 비서 역할을 톡톡히 해낼 수 있다.

자료 수집

우선 인공 지능이 잘하는 일은 자료 수집이다. 담당 업무나 기획하고자 하는 프로젝트와 관련하여 뉴스나 정보들을 수집하거나, 업계에서 현재 관심받고 있는 최신 기술이나 미래 기술 등에 대해서도 조사할 수 있다. 신제품 개발 업무를 담당하고 있다면 트렌드를 조사하는 데에도 활용할 수 있고, 경쟁 제품의 특성이나 판매 동향, 경쟁 제품에 대한 리뷰 등에 대한 자료를 수집한 뒤에, 수집한 내용으로 설문 문항까지 제작하여 직접 여론을 조사하는 데 활용할 수 있다. 이미지, 영상, 음악까지 처리가 가능하기 때문에 유튜브나 광고 이미지 등의 자료 검색과 확인에도 유용하다. 유튜브에서 해당 주제에 맞는 영상을 찾아 주요 내용과 필요한 타임 스탬프 time stamp를 제공받을 수도 있고, 경쟁사의 광고 이미지를 분석하여 사용된 전략이 무엇인지 알려 달라고 할 수도 있다. 여기서 중요한 것은 해당 자료의 진위를 다시 한번 검증하는 일이다. 인공 지능은 질문에 답변할 뿐 정답을 말해 주는 것은 아니기 때문이다.

자료 정리

모은 자료 정리를 하는 데에도 인공 지능에게 도움을 받을 수 있다. 인공 지능은 기존의 정보를 조합해 결론을 도출하는 데 특화되어 있다. 따라서 앞서 수집해 두었던 뉴스 기사, PDF 문서나 논문 자료, 각종 통계 자료 등을 요약·정리하는 데 인공 지능을 효과적으로 활용할 수 있다. 또한 업무를 수행하기 위해 받은 메일을 발신자별, 혹은 시간대별, 업무별로 추출하여 정리하거나, 문서함에 저장된 문서들을 카테고리별로 분류하는 데도 활용할 수 있다.

아이디어 도출

업무를 수행하기 위한 아이디어 도출에도 인공 지능이 유용하게 활용될 수 있다는 것은 이미 널리 알려져 있다. 그러나 브레인스토밍brainstorming과 같이 무작위로 아이디어를 생성하는 것뿐만 아니라, 그렇게 생성된 아이디어가 '쓸 만한' 것인지를 검증하는 데에도 인공 지능을 활용할 수 있다. 예를 들면 해당 아이디어로 실제 어떤 행사나 프로젝트를 기획해서 추진할 때 고려해야 할 사항이나, 유사 사례 등이 있다면 그것이 실행되었을 때 어떤 평가를 받았는지, 관련 정책이나 법률에는 무엇이 있는지 물어보고, 구체적인 자료가 포함된 링크를 요청할 수도 있다. 또한 생성형 인공 지능에게 "나는 ○○○야." 혹은 "너는 ○○○야."와 같이 특정한 역할을 부여할 수 있다는 점을 활용하여 시야를 확장할 수도 있다. 다양한 분야 전문가들의 입장을 들어 볼 수도 있고, 인공 지능에게 자신이 생성한 아이디어에 대해 반론을 제기하도록 하거나, 다른 입장을 가진 사람들의 관점에서 이야기하도록 하여 해당 아이디어가 실현되었을 때의 우려 사항들을 세심하게 살펴볼 수도 있다.

기획

인공 지능은 확률적으로 높은 빈도를 가지는 정보를 도출하기 때문에 업무 기획 단계에서 개략적인 업무의 로드맵을 설계하는 데 유용하게 활용될 수 있다. 수행할 작업의 우선순위와 기간을 정리해 줄 수 있기 때문이다. 이를 활용하면 강의 계획서의 초안 또한 빠르게 작성할 수 있다. 강의 목표나 주제, 시간 안배 등을 제안받을 수도 있고, 목표, 주제, 시간 등을 구체적으로 입력한 뒤에 구체적인 활동 내용과 평가 방법, 효과적인 수업 전략이나 학생들이 수행할 수 있는 활동들과 활동 자료들을 목록화해 달라고 요청할 수도 있다.

프레젠테이션 준비

프레젠테이션 준비에도 인공 지능은 유용한 도움을 제공한다. 강의안을 입력하고 이를 PPT로 제작해 달라고 요청할 수도 있고, 혹은 주제만 입력하고, 발표 자료의 제목과 목차, 각 장의 슬라이드를 제공받을 수도 있다. 또한 관련된 이미지를 부탁하면 슬라이드에 포함할 이미지도 제공받을 수 있다. 또한 강의안을 토대로 청중이 제기할 수 있는 질문을 추출하고 이에 대한 답변을 마련하면서 강의의 완성도를 높이는 데에도 유용하게 활용할 수 있다.

글 쓰기와 수정

글을 쓸 때 가장 어려운 건 늘 첫 문장을 쓰는 일일 것이다. 생성형 인공 지능은 우리를 '첫 줄 공포'에서 해방시켜 준다. 주제나 글쓰기 맥락만 입력하면 인공 지능은 어떠한 글쓰기이든 시작을 해 주기 때문이다. 글쓰기보다 말하기가 더 쉽게 느껴지는 필자라면 말로 내용을 입력한 뒤 이를 구조화된 글로 수정해 달라고 요청할 수도 있다. 글을 다 쓴 뒤에는 자신이 작성한 문장의 장단점이 무엇인지 알려 달라고 요청할 수도 있고, 문장이나 문단의 형식, 사용된 용어, 맞춤법 등에 대한 수정을 요청할 수도 있다. 맥락에 맞게 보다 정중하거나 우아하거나 쉬운 문체로의 수정을 요청할 수도 있고, 분량을 늘리거나 줄이는 것도 요청할 수 있다.

평가

생성형 인공 지능은 평가 업무에서 보조 역할을 수행할 수도 있다. 강의 내용을 입력하고 관련된 과제를 요청할 수도 있고, 수준별로 다른 평가 문항을 요청할 수도 있다. 강의 목표에 비추어 평가 루브릭rubric을 만드는 데 도움을 구할 수도 있다. 또한 학생의 결과물을 입력한 뒤 피드백을 요청할 수도 있고, 학생의 수행 결과에 적합한 피드백 전략을 물어볼 수도 있다는 점도 교육적으로 큰 장점이 된다. 학생 개개인의 수행에 대한 상세한 피드백을 제공받을 수 있기 때문에 시간적·물리적 제약으로 인해 쉽지 않았던 개별화 교육, 맞춤형 교육의 실천이 용이하다.

💬 인공 지능을 활용한 업무적 글쓰기, 어떻게 쓸까?

　생성형 인공 지능을 활용할 때 프롬프트를 어떻게 입력하는가에 따라 다른 결과물이 나온다는 것은 모두 잘 알고 있을 것이다. 프롬프트를 입력할 때에는 말 그대로 '아' 다르고 '어' 다른 상황이 발생하기 때문에 세심하게 입력할 필요가 있다. 더 효과적으로 인공 지능을 활용하기 위한 비법은 다음과 같다.

　우선 중요한 것은 구체적이고 명확하게 지시문을 작성해야 한다는 것이다. 이때 구체적이라는 것은 글쓰기의 목표와 맥락, 역할이 분명하게 포함되어야 한다는 것을 의미한다.

　예컨대 "문해력 연수의 강의안을 작성해 줘."가 아니라,

"나는 쓰기를 전공하였고 쓰기를 통한 학습자의 정체성 형성에 관심이 많은 교수인데, 신규 교사들을 대상으로 한 4차시의 문해력 연수 강의안을 작성해 줘. 각 차시는 120분으로 구성되어 있어. 특히 인공 지능 시대에 쓰기 교육과 문해력의 관계에 대한 구체적인 사례를 포함하고, 연수를 듣는 선생님들이 실천할 수 있는 수업 전략도 알려 줘."와 같이 입력해야 한다는 것이다.

사실 이렇게 한 번에 입력하기보다는 프롬프트를 분할하여 단계적으로 질문하는 것이 결과물의 질을 향상하는 데 유용하다. 복잡한 과업을 단순한 과업들로 나누어 제시하고, 한 번에 답변을 얻으려 하기보다는 여러 차례의 대화를 주고받아야 한다는 것이다. 2022년 9월 미국 콜로라도 주립 박람회 미술 경연 대회에서 '디지털 아트' 부문 1등을 수상한 제이슨 앨런Jason Allen의 〈스페이스 오페라 극장〉이라는 인공 지능 활용 그림은 무려 900번이나 프롬프트를 입력한 결과라고 한다.

또한 참고 텍스트를 제시하면 더 정확한 결과물을 얻을 수 있다. 인공 지능은 학습을 통해 결과물을 만들어 내는 방식이기 때문에 내가 원하는 내용과 형식이 무엇인지에 대해 인공 지능을 학습시켜 주어야 한다. 이때 학습시키는 참고 텍

제이슨 앨런, 〈스페이스 오페라 극장〉. 미국 콜로라도 주립 박람회 미술 경연 대회의 '디지털 아트' 부문 1위 수상작.

스트는 목적이나 내용과 관련한 정보 텍스트일 수도 있고, 혹은 내가 받아 보고 싶은 결과물의 형태를 담고 있는 예시 자료일 수도 있다.

예를 들어 MBTI에 대한 학술적 에세이를 쓰고 있는 상황이라면, MBTI와 관련한 기사문이나 학술 논문들을 제시하면서 해당 파일에 담겨 있는 이론을 반영하거나 반박하는 내용을 포함해 작성해 달라고 요청할 수 있다. 상품 홍보 방안을 기획하고 있는 상황이라면 "이 논문에 제시된 매슬로[A. Maslow]의 욕구 이론을 반영해서 마케팅 전략을 세워 줘."와 같이 프롬프트를 입력할 수도 있다. 또한 자신이 모범 글이라고 생각하는 참고 텍스트를 제시하고, "이 글의 형식(또는 문체)으로 작성해 줘."와 같이 요청할 수도 있다.

그리고 프롬프트를 입력할 때에는 답변의 형식을 분명하게 제시하는 것이 좋다. "표의 형태로 작성해 줘." 또는 "제시한 글의 형식과 문체를 참고하여 500자 이내로 작성해 줘."와 같이 말이다.

그런데 이 모든 것을 잘 수행하기 위해서 가장 먼저 해야 할 일이 있다. 프롬프트 또한 '글'로 작성된다는 점에서 글을 쓸 수 있는 기본적인 능력을 먼저 갖추어야 프롬프트도 잘 쓸 수 있다. '구체적이고 명확한 프롬프트'를 위해서는 구체적이고 명확하게 글을 쓰는 능력이 자신에게 있어야 한다. 또한 인공 지능이 생성해 준 내용이 적절한 것인지, 혹은 수정이 필요한지를 판단하기 위해서는 글을 보는 안목이 있어야 하고, 이러한 안목은 평소 다양한 글을 접해 보아야만 길러지는 능력이라고 할 수 있다.

내가 쓰려는 글과 관련성이 높고 풍부한 정보가 포함되어 있어서 인공 지능에게 학습시킬 만한 적절한 참고 문헌에는 무엇이 있는지, 내가 쓰고 싶은 글이 어떤 형식이나 문체의 글인지를 명확하게 알고 판단하기 위해서는 인공 지능과 협업하기 이전에 내가 먼저 충분히 탐색을 해 보는 작업이 필요하다. 인공 지능은 도깨비 방망이처럼 뚝딱 훌륭한 결과물을 내놓는 도구가 아니라는 것, 끊임없는 상호 작용을 통해서 내가 가르친 만큼 나에게 돌려준다는 것, 인공 지능으로 좋은 결과물을 얻기 위해서는 내가 먼저 좋은 필자가 되어야 한다는 것, 인공 지능으로 좋은 글을 쓰기 위한 비법은 바로 여기에 있다.

인공 지능 '이' 공부를 할까, 인공 지능 '으로' 공부를 할까?

�６ 인공 지능이 다 하면 나는 뭘 하지?

    학습에도 글쓰기가 필요하다. 수업이나 강의의 내용을 따라가며 핵심이 되는 내용을 필기할 때, 교과서나 수업 내용에서 중요한 부분을 추려 요약할 때, 보고서나 리포트 같은 과제물을 작성할 때 등등 학습의 맥락에서 요구되는 글쓰기는 다양하다. 최근에는 이러한 학습 글쓰기 영역에까지 챗지피티를 비롯한 생성형 인공 지능의 역할이 커지고 있다. 교육 선진국으로 자주 언급되는 덴마크에서는 학생들이 과제를 수행할 때 챗지피티를 적극적으로 사용하라고 권장하기도 하고, 호주에서도 수업이나 과제 등에서 학생들이 챗지피티를 학습 도구로 사용하는 것을 공식적으로 인정하고 있다.

국내의 경우에는 일선 학교와 교사들이 실제 수업에 인공 지능을 활발히 적용해 보고 있으며, 온라인상에서는 초·중·고교생을 대상으로 챗지피티를 활용해 다양한 주제로 논술을 써 보는 인공 지능 글쓰기 대회가 꾸준히 개최되고 있다. 이처럼 교육과 학습의 맥락에서 인공 지능은 더 이상 단순히 '활용 여부'가 아니라, 구체적인 '활용 방법'을 논의하는 단계에 이르렀다.

그런데 사용자 입장에서 필요로 하는 인공 지능의 구체적인 활용 방법이란 사실상 '좋은 결과물을 보다 쉽게 얻을 수 있는 기술'에 가까운 듯하다. 실제로 주위에서 쉽게 찾아볼 수 있는 인공 지능 활용 팁의 일부 사례를 살펴보자.

챗지피티로 요약하기

- 텍스트 요약하기
  - 문서의 내용을 복사해 프롬프트에 붙여 넣고 "요약해 줘."라고 쓴다.
  - 요약문이 여전히 길다면 "개조식으로 바꿔 써 줘."라고 쓴다.
  - 핵심적인 내용 딱 하나만 필요하다면 "한 문장으로 요약해 줘."라고 쓴다.
  - 글의 목적과 용도에 따라 어떤 내용은 강조하거나 어떤 내용은 제외하라는 요청을 추가할 수 있다.

- **수업 요약하기**
  - 수업 자료를 첨부하고 "수업의 주요 내용을 요약하고 수업에 대한 소감문을 작성해 줘."라고 쓴다.
  - "실제 수업을 들은 것처럼", "완성된 한 편의 글로", "1,000자 이내로", "수업 내용보다 소감이 더 많이 포함되도록", "[-이다]로 서술하여" 등의 세부 조건을 추가할 수 있다.

- **문서 요약하기**
  - 문서 파일을 첨부하고 "이 문서의 주요 내용 또는 결론을 추출해 줘."라고 쓴다.
  - 원문에 대한 번역이 필요한 경우 원하는 언어로 먼저 번역한 뒤에 요약을 요청한다.

- **웹 페이지(URL) 요약하기 (예: WebPilot)**
  - 요약할 글의 URL을 복사하여 프롬프트에 붙여 넣고 "다음 링크의 글을 요약해 줘."라고 쓴다.
  - 웹 페이지 요약의 기본 세팅은 영어인 경우가 많으므로 "자연스러운 한국어로 요약해 줘."라는 요청을 추가할 수 있다.

- **영상 요약하기 (예: Voxscript)**
  - 유튜브 링크를 복사해 붙여 넣고 "이 영상의 내용을 요약해 줘"라고 쓴다.
  - "요약 내용을 자연스러운 한국어로 제시해 줘."라는 요청을 추가할 수 있다.

이러한 인공 지능 활용 팁을 적용해 실제 텍스트를 요약해 보자.

> 다음 텍스트의 내용을 3문장으로 요약해 주세요.
> ('의미장의 정의', '장이론 연구의 의미'에 대한 약 1,500자 분량의 텍스트, 전공 지식 수준의 개론서에서 발췌)

1. 의미장은 공통적인 의미로 묶인 단어들의 집합으로, 단어들은 의미상 밀접한 관계를 맺으며 상호의미를 결정한다.
2. 장이론은 단어의 의미를 어휘적 '장'의 틀에서 분석하는 이론으로, 단어의 의미 구조와 관계를 체계적으로 분석하는 바탕을 마련하고 언어의 본질을 드러내는 데 기여했다.
3. 이 이론은 국어 의미론과 어휘 의미론 연구에 중요한 역할을 하며, 학문적, 교육적, 실용적 차원에서 의미를 갖는다.

> 이 내용을 초등학교 6학년 동생에게 설명해 주려고 합니다. 쉽게 한 문장으로 정리해 주세요.

의미장은 비슷한 뜻을 가진 단어들이 모인 그룹으로, 이런 그룹을 연구하면 단어들의 뜻과 관계를 더 잘 알 수 있어.

    길고 복잡한 내용을 핵심만 추려 요약해 주는 이러한 인공 지능 기능을 잘만 활용한다면, 복잡한 과정을 건너뛰어 학습에 들이는 시간을 대폭 줄이고, 그렇게 확보한 여유 시간을 다른 필요한 곳에 집중함으로써 보다 효율적인 학습을 할 수 있게 될 것이다.

    그런데 잠깐! 위와 같은 인공 지능 활용 과정에서 '나'는 무엇을 학습했을까? 인공 지능의 요약 능력을 빌려 글의 핵심을 손쉽게 파악하면, 과연 '나'에게 필요한 학습이 모두 이루어졌다고 할 수 있을까? 다시 말해, 전문적인 내용이 논리적으로 구조화되어 있는 어려운 글을 읽고 핵심이 무엇인지 파악해 좋은 요약문을 작성한 것은 '누구'인가?

    인공 지능의 요약 기능으로 도출된 내용은 결과물만 놓고 보면 분명 훌륭한 요약문이지만, 엄밀하게 말해 그것이 진짜 '나'의 학습의 결과라고는 할 수 없다. 사실 인공 지능을 진정한 '학습의 도구'로 활용하여 어떤 글을 요약하고자 한다면, 인공 지능은 어디까지나 요약을 위한 보조적 역할을 할 뿐 요약문 작성의 주체는 학습자(필자)인 '나'여야 한다. 그런데 우리가 실제로 인공 지능을 활용해 요약하기와 같은 학습 글쓰기를 하는 양상은 어떤가? 학습의 맥락에서 요약이 중요한 것은 전체 내용 중 핵심이라고 판단되는 부분을 추려 내는 과정에서 유의미한 교육적 효과가 나타나기 때문이다. 그런데 글을 읽는 것도, 글에서 핵심적인 의미를 파악하고 요약까지 해내는 것도 모두 인공 지능이라면, '요약하기'라는 **교육적 활동의 주체**가 '나'라고 자신 있게 말할 수 있을까? 어쩌면 우리는 인공 지능으로 학습하는 것이 아니라, 그저 열심히 인공 지능을 학습시키고 있는 것은 아닐까?

💬 인공 지능에 어디까지 맡길 수 있을까?

비단 요약만이 아니다. 요약하기를 비롯해 학습의 맥락에서 요구되는 다양한 글쓰기에는 나름의 절차와 전략, 방식이 존재한다. 보다 전문적인 영역으로 넘어가 학술적인 성격의 글을 쓴다면, 자료 찾기부터 시작해서 연구 문제를 설정하고 연구 방법을 상세화하고 초록抄錄을 작성하는 등 일반적인 글쓰기와는 판이한 글쓰기 양식에 익숙해야 하고, 심지어는 특정 학문 공동체의 담화 관습도 고려하여 그에 부합하는 글을 써야 한다. 이런 점에서 아이러니하게도, 인공 지능의 기술과 능력을 잘 활용하려면 오히려 필자가 특정 글쓰기 방식에 대해 이미 어느 정도 체계적인 지식과 수행 능력을 갖추고 있어야 한다. 글쓰기의 어느 단계에서 무엇이 왜 필요한지 사용자 스스로 꿰뚫고 있어야 인공 지능을 적재적소에 활용할 수 있을 것이기 때문이다.

그런데 정작 학술적인 글쓰기와 관련해 우리가 마주하는 인공 지능 활용 방법이나 활용 기술들은 필자로서 기본적으로 갖추어야 할 지식과 능력조차 인공 지능에 일임하는 듯한 양상을 보인다. 다음과 같은 경우를 예로 들 수 있다.

> "[특정 학문 분야나 세부 영역]에서 아직 연구가 활발히 이루어지지 않은 주제에 대해 연구 아이디어를 제공해 주세요."

> "[특정 개념]과 관련해 함께 논의할 만한 다른 개념이나 주제를 추천해 주세요."

> "[특정 주제]에 대한 연구 내용과 결과를 해당 분야에서 권위 있는 전문가가 쓴 논문의 형태로 작성해 주세요. 연구에는 출처가 분명하고 신뢰할 수 있는 학술 자료, 저서, 웹사이트 등 구체적인 근거가 포함되어야 하고, 인용 내용에는 인용 출처도 함께 제시해 주세요. 논문의 전체적인 구성: 1. 서론, 2. 선행 연구, 3. 연구 방법, 4. 연구 결과, 5. 토론 및 결론, 6. 참고 문헌."

이러한 종류의 프롬프트들은 온라인상에서 '챗지피티로 논문 쓰기', '논문 쓸 때 알아 두면 좋은 챗지피티 명령어' 등과 같은 주제와 제목으로 활발하게 공유되고 있는 것들이다. 이러한 예들은 글쓰기 맥락에서 우리가 인공 지능을 활용하는 방식이 사실 '인공 지능을 활용해 글을 쓰는 능력' 자체보다 '글쓰기에 인공 지능을 활용하는 능력'에 보다 초점화되어 있음을 보여 준다. 즉, '글쓰기 능력'이 아닌 '인공 지능 활용 능력'이 중점이 되고 있는 것이다.

물론 인공 지능으로 인해 얻게 되는 편의성, 경제성, 효용성 등 장점이 많은 것은 부인할 수 없는 사실이다. 그런데 필자가 연구자로서 반드시 거쳐야 하는 과정까지도 인공 지능에게 전부 맡기는 것이 과연 바람직할까? 연구물의 가치는 다양한 기준과 근거를 바탕으로 평가되는데, 특히 연구 주제나 문제의식은 필자(연구자)로부터 나온 독창적인 것이어야 한다. '무엇'을 연구하고자 하는지, 그것을 '어떻게' 연구하고자 하는지가 곧 필자가 자신이 속한 학문 공동체에 얼마나 관여하고 있고 또 기여할 수 있는지를 보여 주는 척도가 되기 때문이다.

필자의 노력과 학문적 기여가 적거나 없는 상황에서 인공 지능으로 결과물의 대부분 혹은 전부를 작성하는 것은 단

연코 비윤리적이다. 학술적인 글을 쓴다는 것은 연구자가 직접 수행한 독창적인 학문적 활동의 결과를 학문 공동체의 관습에 부합하도록 언어화한다는 것인데, 이는 (아무리 뛰어나다고 하더라도) 언어 모델인 인공 지능의 능력을 벗어나는 일이다. 학술 글쓰기 과정에서 중요시되는 것은 단순히 결과물 그 자체가 아니라, 연구자의 학문적 성실성이다.

결국 인공 지능을 활용해 학습 및 학문 목적의 글쓰기를 하더라도 그 활용 범위를 잘 설정하는 것이 매우 중요하다. '내'가 직접 쓰면 인공 지능만큼 좋은 글을 쓰지 못할 것이라는 겸손함과 막연함이 앞서 인공 지능의 결과물을 그대로 내놓을 것이 아니라, 반드시 나의 언어로 다시 쓰고, 고쳐 쓰는 과정이 필요하다. 예전에는 점검과 검토의 대상이 '나의 글'이었다면, 인공 지능 시대의 글쓰기 맥락에서는 인공 지능의 결과물 자체도 필연적으로 점검과 검토의 대상이 된다. 이 문제는 아주 중요한데, 이것이 **글쓰기 윤리**★와도 직결되기 때문이다.

글쓰기 윤리에 어긋나는

> ★ **글쓰기 윤리**
> 단순히 표절을 피하는 차원을 넘어, 필자의 성실성과 책임을 지키는 태도. 인공 지능은 글쓰기 과정 중 일부를 보조할 수 있지만, 연구 주제 설정이나 문제의식 제시와 같은 핵심은 필자가 직접 감당해야 한다. 이런 점에서 국어 교육은 인공 지능의 결과물을 무비판적으로 수용하는 것을 경계하고, 이를 점검·재구성하는 과정을 통해 학습자 스스로 글쓰기 윤리를 실천하도록 이끌어야 한다.

가장 대표적인 사례는 '표절'이다. 인공 지능이 생성해 준 글쓰기 결과물을 마치 '내'가 쓴 것처럼 둔갑시키는 것, 이는 명백한 표절이다. 그런데 학습 및 학문 목적의 글쓰기 맥락에서는 보다 다양하고 복잡한 양상으로 글쓰기 윤리 문제가 발생한다. 그 예로 서지 사항의 오류를 살펴보자. 챗지피티에게 "[인공 지능 글쓰기와 교육의 문제]라는 주제와 관련된 참고 문헌들을 검색해 줘."라고 요청했다. 계속해서 '인공 지능 글쓰기 교육의 문제', '인공 지능의 글쓰기 교육의 문제', '인공 지능 교육과 글쓰기의 문제' 등처럼 키워드를 미묘하게 변화시키며 관련 참고 문헌을 출력해 줄 것을 수차례 반복해 요청했다. 다음은 그렇게 얻은 참고 문헌 목록의 결과물이다.

- 박준형, 김수진(2023). AI 지원 글쓰기와 교육의 미래 방향. 디지털교육연구, 45(1), 23-40.
  이 논문은 AI 기술이 글쓰기 교육에 미치는 장기적인 영향을 예측하며, 교육자들이 AI 도구를 효과적으로 통합하기 위한 전략을 제안한다. 특히, AI와 인간의 협력 모델을 통해 교육 효과를 극대화할 수 있는 방안을 논의한다.

- 이민정, 한상준(2022). 고등 교육에서의 AI 활용 글쓰기와 학생 인식. 교육정보학연구, 29(3), 87-102.
  본 논문은 대학생들이 AI 기반 글쓰기 도구를 어떻게 인식하는

지에 대한 설문조사 결과를 바탕으로, AI 도구가 학습자들의 글쓰기 능력 향상에 미치는 긍정적 및 부정적 영향을 분석한다.

- 최민호, 윤혜진(2020). AI 글쓰기 도구 사용에 따른 학업 성취도 변화 연구. 한국교육공학회지, 36(4), 211-225.
  본 연구는 AI 글쓰기 도구가 학생들의 학업 성취도에 미치는 영향을 실험적으로 분석하며, 이러한 도구가 학습 과정에서 어떤 역할을 하는지 탐구한다. 연구 결과, AI 도구 사용이 학생들의 글쓰기 능력 향상에 긍정적인 영향을 미치는 것으로 나타났다.

- Doe, R. J., & Lee, S. K. (2023). AI in Education: Enhancing Learning or Hindering Development? International Review of Educational Technology, 39(3), 200-215.
  이 논문은 AI 도구가 교육 현장에서의 학습 경험을 어떻게 변화시키는지 분석한다. 특히, AI 챗봇과 언어 생성기가 학생들의 창의성을 저해할 수 있는 잠재적인 위험을 논의한다.

- Smith, J. A., & Brown, L. M. (2022). The Ethical Implications of AI-Assisted Writing in Academic Settings. Journal of Educational Technology, 45(2), 123-134.
  이 연구는 AI 글쓰기 도구가 학문적 정직성에 미치는 영향을 조사하며, AI 도구의 사용이 표절과 같은 윤리적 문제를 야기할 수 있음을 지적한다. 또한, 학습자들이 비판적 사고를 유지하는 방법에 대한 권장 사항을 제시한다.

놀랍게도 위 목록에 제시된 연구물들은 모두 실재하지 않는 가상의 것들이다. 여러 경로로 아무리 꼼꼼하게 검색해 보아도 저 이름의 연구자가 발표한 저 제목의 연구는 존재하지 않는다. 연구자의 이름은 그저 인공 지능이 가지고 있는 방대한 데이터 안에서 있음 직한 이름을 조합해 만든 것이고, 연구물의 제목 역시 실제로 발표된 적 있는 비슷한 제목의 연구물들을 그럴싸하게 조합해 생성해 낸 것이다. 존재하지도 않는 연구물들의 서지 사항을 정리해 제시해 주고, 심지어는 (수행된 적 없는) 각 연구 내용을 간략하게 소개해 주고 있기까지 한 인공 지능을 친절하다고 해야 할까, 뻔뻔하다고 해야 할까? 인공 지능의 모든 결과물이 단지 '활용'의 대상이 아니라 '점검과 검토'의 대상이어야 한다는 것은 바로 이러한 맥락에서이다.

❝ 글쓰기 능력인가, 인공 지능 활용 능력인가?

 인공 지능을 활용해 학습을 하거나 글을 쓰는 모든 맥락에서 중요한 것은 학습자이자 필자인 '나' 자신의 학습 능력과 작문 능력이 향상되어야 한다는 것이다. 인공 지능은 목적이 아니라 수단이다. 인공 지능을 학습시키는 것—모든 것을 알아서 알맞게 해 주는 인공 지능에 수동적으로 대응하는 것—이 아니라 인공 지능을 자신의 **학습 도구**로 활용하는 것이 중요하다. 그런 점에서 어떻게 하면 인공 지능으로 좋은 글을 얻을 수 있는지, 프롬프트를 잘 쓰는 방법은 무엇인지, 인공 지능의 숨은 기능을 제대로 쓰려면 무엇을 알아야 하는지 등은 점진적으로 인공 지능을 어떻게 학습의 보조 수단으로 활

용할 것인지, 인공 지능의 결과물을 비판적으로 점검하고 더 좋은 글로 수정하는 방법은 무엇인지, '나'에게 학습의 결과와 효과가 환류될 수 있으려면 무엇이 필요한지 등으로 초점 이동이 필요하다. 예를 들어 다음과 같은 체크리스트를 만들어 인공 지능 활용 전·중·후에 자가 진단을 해 볼 수도 있다.

□ AI 활용 목적을 명확하게 인지하기

□ AI에 심층 질문하기

□ AI의 결과물에 심층 질문하기

□ AI의 결과물에서 지식의 정확성과 효용성 판단하기

□ AI의 결과물에서 문체의 적절성과 타당성 판단하기

□ AI의 답변 재구성하기

□ 궁극적인 답은 스스로 찾기

□ 내가 작성한 글/자료의 의미를 정확히 알고 설명하기

□ AI'로' 글을 쓰는 것이 아니라 AI'를' 활용해 글쓰기 각 단계에 필요한 도움 받기

이제 '나'만의 체크리스트도 한번 만들어 보자.

인공 지능의 문학 창작, 무엇을 시사하는가?

❝ 인공 지능이 인간처럼 시나 소설을 쓸 수 있을까?

___

    챗지피티 출현 이후 인공 지능을 활용한 문학 창작이 활발히 이뤄지고 있다. 인공 지능을 활용한 문학 창작 시도는 챗지피티 출현 이전에도 있었다. 1973년 미국 위스콘신 대학 연구팀이 2,100단어 소설을 작성할 수 있는 인공 지능을 발표한 것을 시작으로, 어린이 동화 정도의 짧은 소설은 쉽게 만들 수 있는 수준이 됐다. 2008년 러시아에선 소설 『안나 카레니나』를 학습한 인공 지능이 쓴 소설 『진정한 사랑』이 출판됐다. 2016년 일본에서는 인공 지능을 활용하여 쓴 단편 소설이 호이 신이치 문학상 1차 심사를 통과했었다.

    국내에서는 2018년 KT가 인공 지능을 활용하여 쓴 소설

공모전을 열기도 했다. 그리고 2021년 8월, 인공 지능이 쓴 소설 『지금부터의 세계』가 국내에서 최초로 단행본으로 출판됐다. 여기서 언급한 인공 지능이 쓴 소설이란 처음부터 끝까지 인공 지능이 100% 창작한 소설은 아니다. 사람의 개입이 필수적이었다. 그래서 저자로 두 이름이 올랐는데, 하나는 'AI 소설가 비람풍'이고, 다른 하나는 인공 지능의 창작 활동을 총괄한 '소설감독 김태연'이다. 김태연 작가는 당시 소설의 대략적인 플롯(이야기 구조)은 인간이 정하되 이를 바탕으로 인공 지능이 문장을 만드는 형식으로 쓴 소설이라고 밝혔다.

소설 창작뿐만 아니라 인공 지능을 활용한 시 창작 시도도 있었다. 2017년 중국에서 현대 시 수천 편을 학습한 인공 지능이 쓴 시집이 발간됐다. 국내에서는 2022년 시를 쓰는 인공 지능 '시아SIA'가 발간한 시집 『시를 쓰는 이유』가 출판됐다. 시아는 카카오브레인kakaobrain의 초거대 인공 지능 언어 모델 코지피티KoGPT를 기반으로 시를 쓰는 인공 지능으로, 1만 3,000여 편의 시를 읽으며 작법을 익힌 후 시를 썼다고 한다. 시집이 출판된 해에 시아가 쓴 시 20여 편으로 구성된 시극 〈파포스〉가 개막했다. 배우, 무용수, 소프라노 등 다양한 예술가가 출현하여 대학로 예술극장에서 공연됐다. 이러한 시도는 계속 이어져 이듬해 시아가 추가적으로 시를 학습한 후 생성한 시를 바탕으로 대본이 제작된 연극 〈파포스 2.0〉이 개막했다.

인공 지능이 쓴 소설, 시를 읽을 때 가장 먼저 떠올릴 수 있는 질문 중 하나는 '인공 지능이 인간처럼 써 낼 수 있을까?'이다. 인공 지능을 일부 활용하여 쓴 소설의 사례만으로 이 질문에 답하기에는 어쩐지 찜찜한 구석이 있다. 그렇다면 인공 지능이 시인의 도움 없이 처음부터 끝까지 100% 써 낸 시, 시아의 시를 읽고 시인이 남긴 감상평을 확인해 보자. 이 시집의 해설에 시아가 쓴 시를 읽고 시인들이 남긴 감상평이 적혀 있다.

> 단정함. 시를 이제 시작하려는 것 같음. 군더더기가 없음. 잘 읽힘. 시를 사전처럼 정의 내리려 함. 지시 대명사 등 산문적 어휘를 자주 사용. 오글거림 없음. 처음 쓴 단어를 계속 쓰고 있음. 반복적인데 리듬감이 느껴지지 않음….

이러한 반응은 인공 지능이 쓴 시라는 것을 모르는 상태로 시를 읽은 후의 답변이었다. 그렇다면 인공 지능이 쓴 시집이라는 것을 알고 시집을 읽은 시인의 감상평도 함께 살펴보자.

인공 지능 시아(SIA)의 시집 '시를 쓰는 이유'에서 나는 내가 쓴 시와 매우 유사한 시를 한 편 발견했었다. 그 경험은 무척 흥미로웠는데 시아와 내가 비슷한 것을 읽고 쓰는 유사한 존재라는 생각이 들었기 때문이었다. 시아는 시를 쓰는 인간으로서 나의 어떠한 면도 침해하거나 위협하지 않았다. 도리어 시아를 동시대에 활동하는 동료 혹은 문우(文友)라고 여길 수 있었다. 인공 지능이 예술가의 자리를 위협하는지 아닌지에 대한 논쟁이 아직도 끊이지 않지만 시아를 통해 나는 더 많은 인공 지능 시인이 출현하기를, 나의 동료로서 그들이 더 많은 스타일과 가능성을 보여 주기를 바라게 되었다.[1]

이러한 반응을 종합했을 때, 실제로 인간이 쓴 시와 시아가 쓴 시를 두고 인간과 인공 지능이 쓴 시를 정확하게 구분하기는 어려워 보인다. 즉, 인공 지능이 인간처럼 시를 쓰고 소설을 쓸 수 있냐는 질문에 그렇다고 답할 수 있다. 전문 작가에게 위협적일 만큼 뛰어난 수준은 아니지만, 음악, 미술 등 다른 예술 창작의 사례를 봤을 때 인공 지능이 작가만큼 잘 쓰는 날이 오는 것은 시간 문제로 보인다. 이처럼 현재까지는 유명한 문인이 쓴 작품만큼 인정받을 수 있는 작품을 인공 지능 혼자 창작하는 데에는 한계가 있지만, 평범한 사람이 쓴 문학 작품과 인공 지능이 쓴 문학 작품을 구분하기는 어렵기 때문에, 인공 지능이 충분히 인간처럼 창작 활동에 능숙하다는 것을 확인할 수 있다.

인공 지능 문학 창작의 시대, 작가의 미래는?

　소설가 장강명은 인공 지능의 출현으로 인해 변화된 바둑계에서 **문학의 미래**에 대한 힌트를 찾았다.

　2016년 3월, 알파고와 이세돌 9단의 바둑 시합이 있었다. 이세돌이 쉽게 승리할 것이라고 예상했던 다수의 예상과 다르게, 구글 딥마인드 Google DeepMind가 개발한 인공 지능 바둑 프로그램인 알파고 AlphaGo가 전 세계에 한국 바둑의 우수성을 떨친 이세돌을 4대 1로 승리했다. 3년 후 이세돌은 보통의 프로 기사보다 이른 나이에 한국기원에 사직서를 제출했다. 그리고 인공 지능 '한돌'과 은퇴 대국으로 25년의 프로 기사 생활을 마감했다.

그는 은퇴를 결심한 결정적 계기를 묻는 인터뷰에서 "AI가 결정타를 날렸다."고 털어놨다. 알파고에게 3연패를 당하자 더 이상 이길 수 없다고 판단했던 당시를 회상하며, "이걸 잘한다고 해서 큰 의미가 있는 걸까 생각했다."고 말했다. 이어 "어린 시절, 바둑은 예술과 같은 것으로 배웠다. 바둑은 둘이 만드는 하나의 작품이라고 생각하는데 (인공 지능과의 대결이) 이게 무슨 작품이 되겠나. 내가 배웠던 예술 그 자체가 무너져 버렸다. '더 이상은 하기 쉽지 않겠구나.'라는 생각이 들었다."고 밝혔다.

이후 그는 미국 『뉴욕 타임스』 인터뷰에서 그가 이전에는 예술의 형태로 여겼던 것, 기사의 개성과 스타일의 연장선에 있던 것들이 이제는 알고리즘의 가차 없는 효율성을 위해 내버려졌다고 전했다. 그리고 "나는 더 이상 대국을 즐길 수 없었다."면서 "그래서 은퇴했다."고 말했다.

불과 얼마 전까지만 해도 바둑 대결에서 인간을 이길 수 없던 인공 지능이 인간을 이기는 것을 넘어 이제는 바둑의 정석이 되었다. 인공 지능이 인간을 한참 앞서 바둑의 공식을 주도하고 있는 것처럼, 문학 창작의 분야에서도 인공 지능이 쓴 문학이 인간이 쓴 문학보다 뛰어나다는 평가를 받는 날이 오는 것은 시간이 얼마나 걸리느냐의 문제로 보인다.

이미 미술, 음악 등의 예술 분야에서는 인공 지능이 실력을 인정받은 사례가 많다. 작곡가 김형석이 심사위원으로 참여한 작곡 공모 콘테스트에서 1위로 뽑힌 곡이 알고 보니 인공 지능이 만든 것이었다는 사실이 밝혀졌다.

> 작곡가 김형석이 심사위원으로 참여한 작곡 공모 콘테스트에서 1위로 뽑힌 곡이 AI가 만들었다는 사실이 알려지자, 김형석이 누리 소통망 서비스를 통해 "이걸 상을 줘야 되나 말아야 되나, 그리고 이제 난 뭐 먹고 살아야 되나, 허허허."라고 탄식했다. 김형석은 1위로 뽑힌 곡이 AI의 작품이라는 사실을 주최 측 통보가 있기 전까지는 전혀 몰랐다. 물론, 이미 AI 작곡 프로그램을 실제로 사용하고 있고 김형석도 그 사실을 충분히 알았겠지만, 이 정도 수준이라고는 생각을 못 했기 때문에 탄식이 나온 것이다.[2]

그림의 사례를 보자. 2022년 9월 미국 콜로라도 주립 박람회 미술 경연 대회에서 '디지털 아트' 부문 1위를 차지한 작품 〈스페이스 오페라 극장〉은 인공 지능 프로그램으로 제작된 것이었다(110쪽 그림 참고). 사람이 한 일은 텍스트로 명령어를 입력했을 뿐, 그림은 인공 지능이 그렸다고 한다.

첫머리에서 언급한, 장강명 작가가 예상한 문학의 미래는 이런 것이다. 그는 인공 지능이 뛰어난 문학 작품을 빠른 시간에 다작多作하는 세상이 온다면 문학 창작의 의미가 없어질 것이라고 말했다. 문학 평론가의 역할도 인공 지능이 대체하여 '인공 지능 평론가'가 추천하는 '인공 지능이 쓴 문학'을 읽게 될 날이 올 것이라고 예상했다. 이때 작가들은 문학을 읽고 창작하는 활동에 대한 의욕이 사라지고, 결국 문학에서 소외될 수 있다고 비관적인 입장을 밝혔다.

2024년 인공 지능이 쓴 소설이 일본 최고 문학상인 아쿠타가와상을 받았다. 작가에 따르면, 상을 받은 소설에서 인공 지능이 쓴 문장이 차지하는 비중은 5% 정도밖에 되지 않아 '인공 지능이 쓴 소설'이라는 표현이 조금 과장이라고 느껴질 수도 있으나, 일본 문학계에서는 '아쿠타가와 AI상을 만들라'는 불평이 나올 만큼 난리가 났다. 작가들의 이러한 반응은 일자리에 대한 위협, 예술가로서의 자긍심 손상 등을 원인으로 볼 수 있을 것이다.

💬 인공 지능 문학 창작의 시대, 우리의 역할은?

한편, 일반인들의 문학 창작 활동에 대한 진입 장벽은 낮아져 누구나 인공 지능을 활용하면 이야기를 만들 수 있는 시대가 열렸다. 2024년 여름, 국내에서는 창작 인공 지능 루이스Lewis와 서울특별시가 주관하는 'AI 스토리 공모전'이 열렸다. 루이스는 키토크AI사社의 프롬프트 엔지니어링 자동화 기술과 챗지피티, 클라우드Claude, 달-이DALL-E, 스테이블 디퓨전Stable Diffusion 등 최신 인공 지능 모델들을 결합하여 이야기를 만드는 전 과정을 지원해 주는 인공 지능 창작 플랫폼이다. 실제로 루이스를 활용해서 창작을 해 본 결과는 놀라웠다. 다음에 제시하는 글은 저자의 수정 없이 루이스가 처음부터

끝까지 온전히 쓴 제목과 줄거리이다.

제목: 여름의 빛, 사랑의 그림자

여름의 한가운데, 청소년들의 성장과 사랑이 얽힌 이야기가 기숙 학교에서 펼쳐진다. 주인공 최민준은 17세의 소년으로, 부모님의 이혼으로 인한 깊은 상처를 지니고 있다. 그는 타고난 호기심과 섬세한 감수성을 지녔지만, 내면에는 자신이 누구인지에 대한 끊임없는 의문과 불안이 자리 잡고 있었다. 민준은 이러한 상처를 숨기기 위해 친구들 앞에서는 늘 밝고 유쾌한 모습을 보였지만, 그의 웃음 뒤에는 항상 외로움이 깃들어 있었다.

민준의 가장 큰 외부 갈등은 아버지와의 관계였다. 아버지는 엄격하고 보수적인 가치관을 지닌 사람이었고, 민준이 문학과 음악에 열정을 가지고 있음에도 불구하고 그의 꿈을 인정하지 않았다. 이러한 갈등은 민준이 자신의 진정한 모습을 찾는 데 큰 장애물이 되었다. 그러나 기숙 학교라는 특별한 환경에서 민준은 자신을 이해하고 지지해 줄 친구들을 만나게 된다.

오유미는 16세의 기숙 학교 학생으로, 반짝이는 눈동자와 미소 뒤에 깊은 내면의 고민을 숨기고 있었다. 유미는 첫사랑의 설렘과 아픔을 겪으면서 자기 자신과 타인을 이해하려고 애썼고, 부모의 기대와 자신의 꿈 사이에서 갈등을 겪었다. 그녀는 예술적 감각과 섬세한 감수성 덕분에 친구들에게 인정받았지만, 마음속 깊은 곳에서는 자신의 취약함을 감추려고 했다. 유미의 이러한 내면의 갈등은 그녀가 성장하는 과정에서 중요한 역할을 했다.

김지아는 17세의 기숙 학교 학생으로, 첫사랑의 설렘과 아픔을 겪으며 자신만의 방식으로 성장해 나가는 청소년이었다. 지아는 가족의 기대와 자신의 꿈 사이에서 갈등을 겪으며 자아 성찰의 시간을 가졌고, 학교에서는 뛰어난 학업 성취도와 부드러운 성격으로 친구들에게 신뢰받았다. 그러나 내면 깊숙이 숨겨진 두려움과 불안감이 그녀를 괴롭혔다. 첫사랑과의 만남을 통해 처음으로 진정한 감정을 경험한 지아는 외부 세계와 자신을 다시 보게 되었다.

민준, 유미, 지아는 서로의 고민과 상처를 이해하며 점차 가까워진다. 민준은 유미와의 대화를 통해 자신의 감정을 솔직히 표현하는 법을 배우고, 유미는 지아와의 우정을 통해 자신의 취약함을 받아들이게 된다. 지아는 민준과의 대화를 통해 자신이 소중히 여기는 가치들을 다시금 깨닫게 된다. 이들은 기숙 학교라는 특별한 환경 속에서 서로를 이해하고 지지하며, 진정한 자아를 찾아 가는 여정을 함께한다.

이 여정 속에서 민준은 아버지와의 갈등을 해결하려고 노력한다. 그는 아버지에게 자신의 꿈과 열정을 솔직히 털어놓고, 아버지는 민준의 진심을 이해하게 된다. 유미는 부모님의 기대와 자신의 꿈 사이에서 균형을 찾으며, 자신만의 길을 걸어가기로 결심한다. 지아는 첫사랑의 아픔을 통해 성장하며, 자신의 두려움과 불안을 극복하고 진정한 자아를 찾아 간다.

이 이야기는 청소년들이 자기만의 방식으로 성장해 나가는 과정을 그리며, 관객들에게 일상 속 작은 행복과 사랑의 중요성을 느끼게 한다. 여름의 뜨거운 햇살 아래, 이들은 서로를 이해하고 지지하며, 진정한 자아를 찾아 가는 여정을 통해 성장하고 사랑을 배운다. 민준, 유미, 지아의 이야기는 우리 모두에게 소중한 가치와 사랑의 의미를 다시 한번 생각하게 만든다.[3]

루이스가 그려 준 소설의 대표 이미지.

루이스는 태그^{tag} 된 수천 개의 키워드 중 사용자가 고른 몇 가지를 조합하여 1분 남짓한 시간에 그럴듯한 이야기를 생성하고 등장인물까지 만들어 준다. 다음 단계에서는 이야기의 장면을 구분하여 각 장면마다 어울리는 공간적 배경을 추천해 주고 등장인물끼리 주고받는 대사도 제시해 준다. 위 그림처럼 이야기와 어울리는 이미지도 만들어 줄 뿐 아니라 음악 생성까지 가능하다.

그런데 이 공모전 심사위원의 정체가 충격적이었다. 인간이 아닌, 인공 지능이 심사위원의 자리에 앉은 것이다. 작품 창작뿐만 아니라 심사까지 인공 지능이 하는 시대에서 우리는 무엇을 해야 하는가?

2024년 6월, 서울국제도서전에서 인공 지능과 창작에 대해 고민하고 연구하는 작가 권병준(미디어 아티스트)과 심보

루이스 홈페이지에 게시된 '2024 테크놀 서울 AI 스토리 공모전' 안내 화면

선(예술사회학자·시인)이 강연을 했다. 이 강연에서는 '인공 지능이 쓴 문학의 비중이 커질 텐데, 여기 서울국제도서전에 온 독자들은 과연 그 작품을 진정으로 원할까?'라는 질문이 던져졌다. 문학을 이해할 때 작가의 경험과 특징을 중시하는 관점이 있는데, 실존하지 않는 인공 지능 작가가 쓴 문학 작품은 작가를 중심으로 작품을 이해하기 어렵다. 또한 인공 지능이 쓴 문학은 실존하는 작가가 쓴 작품보다 읽을 동기가 떨어질 것이다. 예술의 영역인 줄 알았던 바둑이 알파고 등장 후 기술로 느껴지자 흥미를 잃고 은퇴한 이세돌처럼, 문학 창작이 예술에서 기술로 전환되어 갈 때, 하나둘 떠나는 작가들을 어떻게 바라봐야 하는지 고민이 필요하다.

인간보다 뛰어난 인공 지능은 '인간 지능' 없이 존재할 수 없다. 모든 소원을 다 이루어 주는 요술 램프 지니를 가졌

어도 소원을 어떻게 비는지에 따라 행복과 불행을 함께 겪었던 알라딘처럼, 오늘날 우리도 인공 지능의 장점에 홀려 맹목적으로 사용하기보다는 인공 지능과 인간이 상생하는 방안을 모색하는 게 어느 때보다 시급하게 느껴진다.

💬 인공 지능과 함께하는 문학 창작, 어떻게 해 볼까?

 앞에서 창작 인공 지능 루이스를 소개하기는 했지만, 루이스가 언제 유료화될지, 언제 사라질지 알 수 없다. 따라서 이 장에서는 챗지피티를 활용하여 소설을 창작하는 쉽고 간단한 방법을 소개하려고 한다.

 학교를 졸업한 성인 중에 소설을 처음부터 끝까지 써 본 사람이 얼마나 될까? 학교에서도 학생들을 대상으로 시 창작 활동은 부담 없이 해 볼 수 있지만 소설 창작 활동은 쉽게 도전하기 어렵다. 이유는 단순하다. 시는 짧고 소설은 길기 때문이다. 시는 찰나의 한순간에 느낀 정서를 세밀하게 풀어 나가는 글이지만, 소설은 다양한 등장인물을 긴 호흡으로 끌고 가는 이야기가 담긴 글이다. 백일장을 할 때도 시나 소설 중 선택하여 창작하도록 하면 작가를 꿈꿀 만큼 문학에 관심이 많은 학생이 아니고서야 시를 택하는 게 대부분이다. 하지만 인공 지능과 함께라면 필력이 훌륭하지 않아도 누구나 한 편의 시나 소설을 뚝딱 만들어 낼 수 있다.

어디서부터 어떻게 써야 할지 막막할 때 가장 좋은 방법은 잘 쓴 글을 모방하거나 참고하여 써 보는 것이다. 국어 교과서에도 새로운 관점으로 **문학을 재구성**★하는 활동이 제시되어 있기 때문에 교사 또는 학생이라면 다음 페이지에 제시하는 프롬프트를 참고해 볼 수 있다. 최근 학교 현장에서 인공 지능을 활용한 학습과 수업 방안도 많이 연구되고 있기에, 예비 교사들도 이를 염두에 둔다면 도움이 될 것이다.

우리나라 국민이라면 누구나 아는 조선 시대 최고의 인기 소설 「춘향전」을 재구성하여 소설을 써 본다고 가정했을 때, 먼저 챗지피티에게 다음과 같이 요청할 수 있다.

> ★ **문학의 재구성**
> 원작을 바꾸어 새로운 작품으로 만드는 것을 의미한다. 작품을 재구성하는 과정에서 원작의 관점, 내용, 형식, 표현 방법, 맥락, 매체 등을 다양하게 바꿀 수 있다. 재구성하는 방법은 가장 먼저 재구성할 작품을 선택하고, 원작의 인물, 주제, 가치 등을 다양한 관점에서 해석하며 깊게 이해하는 것이다. 그리고 원작의 제목, 갈래, 줄거리, 인물의 성격, 시간적 배경, 공간적 배경 등 어떤 내용을 바꿀지 결정한 후 작자의 의도에 맞게 재구성한다.

Class 3. 인공 지능 글쓰기의 유형

> 춘향전의 줄거리를 알려줘.

　「춘향전」의 줄거리를 확인하는 이유는, 비판적 사고력의 중요성에 대해 다른 장에서 말했듯이, 챗지피티가 제시한 정보를 아무런 의심 없이 믿을 수는 없기 때문이다. 챗지피티가 제시한 「춘향전」의 줄거리를 확인하여 잘못된 내용이 있는지 점검할 필요가 있다. 잘못된 내용이 있는 경우에는 아래와 비슷한 내용의 프롬프트로 줄거리를 정정한다.

> 방금 제시된 줄거리에서 ~는 잘못된 내용이야. ~인 내용으로 다시 바꾸고 ~인 내용을 추가하여 줄거리를 다시 써 줘.

　챗지피티가 줄거리를 제대로 학습한 것이 확인되면, 이제 이를 내가 원하는 방향으로 재구성할 때 필요한 조건을 제시한다. 제시할 조건을 처음부터 전부 제시해도 되지만, 조건이 한꺼번에 떠오르지 않는다면 떠오르는 대로 하나씩 제시해도 괜찮다. 챗지피티가 제시한 줄거리를 읽고 마음에 들지 않는 부분이 있다면 새로운 조건을 추가해서 수정해도 되기 때문이다.

> 이 줄거리를 기본으로 하되, 아래 조건을 고려해서 춘향전을 재구성한 소설의 줄거리를 알려 줘. 아래부터는 조건이야.
>
> 1. 이 소설의 주제를 ~로 해 줘.
> 2. 주인공을 ~로 바꿔서 써 줘.
> 3. 시대 배경을 ~로 바꿔 줘.
> 4. A와 B의 관계를 ~로 바꿔 줘.

다양한 조건을 제시하여 원하는 줄거리가 완성되면, 이 줄거리를 바탕으로 소설을 써 달라고 요구하면 된다.

> 이 줄거리의 내용으로 소설을 써 줘.

챗지피티가 제시한 소설을 읽으며 마음에 들지 않는 부분은 직접 수정하여 최종본을 만들면, 나만의 소설이 완성된다. 아래는 실제 중학교 2학년 학생이 국어 수업 시간에 「춘향전」을 재구성하여 만든 이야기이다. 어떤 방향으로 재구성할지 스스로 생각해 보고, 재구성된 줄거리를 수정하여 20분 만에 만들어 낸 결과이다.

아래 조건을 고려해서 춘향전을 재구성한 소설의 줄거리를 알려 줘. 아래부터는 조건이야.

1. 변학도의 절실한 사랑이 주제야.
2. 변학도는 어린 시절 춘향을 보고 한눈에 반하여 열심히 공부하여 과거에 급제해 춘향과 결혼하겠다는 꿈을 일평생 품고 살아왔다고 바꿔 줘.
3. 변학도가 드디어 과거에 급제하여 남원 부사의 모습으로 춘향에게 청혼하려 했으나 춘향은 이미 몽룡이라는 지아비가 있다며 거절한다고 바꿔 줘.
4. 변학도는 춘향에게 끊임없이 구애하지만 춘향에게 매번 거절당하자, 학도는 마음을 나쁘게 먹고 춘향에게 강제로 수청을 들라 한다고 바꿔 줘.
5. 결말은 원작과 동일하게 하되, 암행어사인 몽룡에 의해 봉고파직된 변학도가 옥에 갇혀 춘향을 생각하며 슬퍼하는 장면을 추가해 줘.

발단

조선 제19대 왕 숙종의 즉위 초, 남원의 단옷날. 춘향은 화려한 꽃단장을 하고 명절을 맞이한다. 그녀는 기생인 어머니 월매의 신분을 따라 천민이었지만, 남원의 많은 사람들에게 그 아름다움과 총명함으로 주목받고 있었다. 그중에서도 변학도라는 한 남자는 어릴 적부터 춘향에게 깊은 인상을 받은 인물이었다. 변학도는 어린 시절 춘향을 처음 보았을 때 그녀의 아름다움과 지혜에 매료되었다. 그 순간부터 그는 그녀와 결혼하기 위해 힘든 길을 택하기로 결심했다. 가난한 집안 출신이었지만, 그는 오직 춘향과 혼인하겠다는 일념으로 학문에 매진했다. 하루도 빠짐없이 과거 급제를 목표로 공부하며, 그녀와 혼인할 날만을 기다렸다.

전개

드디어, 변학도는 과거에 급제하여 남원 부사로 임명된다. 그에게는 이제 춘향과의 혼인이 현실로 다가오는 것처럼 보였다. 그는 오랜 세월 간직해 온 순수한 마음으로 춘향에게 청혼하러 나선다. 하지만, 변학도가 관아에서 춘향을 불러 청혼했을 때, 춘향은 이미 이몽룡이라는 사람과의 약속을 지키고 있었다. 그녀는 정중하게 변학도의 청혼을 거절하며 말했다.

"두 임금을 섬길 수 없듯, 나는 이미 몽룡이라는 지아비가 있습니다."

위기

변학도는 큰 충격에 빠졌지만, 처음에는 그 마음을 버리지 않고 계속해서 춘향에게 구애했다. 여러 차례 정성을 들이며 춘향을 설득하려 했으나, 춘향은 매번 그의 마음을 받아 주지 않았다. 결국, 변학도는 실망과 질투로 가

득 차 마음을 나쁘게 먹고, 자신의 권력을 이용해 춘향에게 수청을 강요하게 된다.

"내가 이토록 오래 너만을 바라보았는데, 이제 나의 마음을 받아 주어야 하지 않겠느냐?"

그러나 춘향은 다시 한번 단호하게 그의 요구를 거부했다.

"차라리 죽음을 택할지언정, 두 지아비를 섬길 수 없습니다."

거듭된 거절에 분노한 변학도는 춘향을 억지로 관아에 가두고, 그녀에게 모질게 고문하며 수청을 들 것을 강요했다. 그러나 춘향은 끝까지 굴복하지 않고 이몽룡과의 사랑과 정절을 지키려 했다. 변학도는 춘향을 끝내 포기할 수 없었지만, 그녀의 강한 의지 앞에 절망에 빠진다.

절정

한편, 암행어사로 변장한 이몽룡이 남원에 출두하게 된다. 변학도는 춘향을 다시 불러 강제적으로 수청을 들게 하려는 계획을 세우고 있었으나, 그 순간 암행어사가 관아로 들이닥친다. 이몽룡은 변학도의 부패와 폭력을 조사한 후, 그를 봉고파직시켜 옥에 가두게 된다.

결말

변학도는 옥에 갇혀 홀로 춘향을 떠올리며 지난날을 후회하고 슬퍼한다. 자신이 평생을 바쳐 이루려 했던 사랑이었지만, 잘못된 방식으로 그 사랑을 표현하며 결국 모든 것을 잃고 말았다. 옥에서 그는 울부짖으며 자신의 잘못을 곱씹고, 진정한 사랑이 무엇인지 비로소 깨닫게 된다. 하지만 이미 모든 것이 늦어 버린

> 후였다. 이몽룡은 왕에게 춘향의 정절을 인정받고, 춘향과 몽룡의 혼인이 신분의 벽을 넘어 허락된다. 왕은 춘향에게 정렬부인이라는 칭호를 내리고, 춘향과 이몽룡은 행복하게 결혼하여 3남 3녀를 두고 행복한 가정을 이루며 살게 된다.
> 한편, 변학도는 옥에서 슬픔 속에 자신의 잘못을 되새기며, 한때 자신이 바라던 꿈이 얼마나 왜곡되었는지를 깨달으며 깊은 회한에 젖어 간다.

학생들과 함께 인공 지능을 활용한 문학 창작 활동을 하며 교사로서 많은 것을 느꼈다. 챗지피티를 활용한다면 글쓰기에 어려움이 있는 학생이더라도 반짝거리는 아이디어만으로 참신한 작품을 만들 수 있었다. 평소 자주 엎드려 있거나 수업에 집중하지 못하는 학생들도 이 활동만큼은 열심히 참여했다. 학생들이 새롭게 만든 줄거리를 모둠끼리 돌려 읽으며 가장 재밌는 이야기를 쓴 친구가 누구인지 투표를 했을 때, 결과는 놀라웠다. 평소 학업 성취 수준이 높은 학생들의 이야기가 우수 줄거리로 뽑히기도 했지만, 결석이 잦거나 학력이 낮은 학생들의 이야기가 우수 줄거리로 선정되기도 했다.

교사, 학생이 아니더라도 자신이 가장 좋아하는 작품의 이야기를 챗지피티를 활용하여 자신이 원하는 방향으로 수정해서 읽어 본다면, 원작을 읽었을 때와 또 다른 재미를 느끼며 작품을 감상할 수 있을 것이다.

어릴 때 읽었던 신데렐라 이야기를 기억하는가? 계모와 이복언니에게 구박을 받으며 힘든 나날을 보내던 신데렐라가 마법의 힘으로 아름답게 변신하여 무도회에서 만난 왕자와 사랑에 빠졌지만, 마법이 풀리기 전에 집으로 급하게 떠나다 유리 구두를 한 짝 잃어버린다. 이후 왕자가 신데렐라가 남긴 유리 구두 한 짝의 주인을 찾으려 노력하고, 결국 신데렐라와 재회하게 되며 결혼하는 이야기이다.

계모와 이복언니의 괴롭힘을 견디며 살아온 신데렐라가 친모와 상봉하기를 바랐던 독자라면, 챗지피티가 그 바람을 이루어 줄 것이다.

> 1. 신데렐라의 줄거리를 알려줘.

> 2. 신데렐라가 왕자와 결혼을 준비할 때 신데렐라의 친모가 나타나 모녀간의 정을 나누는 내용을 추가해서 줄거리를 재구성해 줘.

챗지피티가 알려 준 줄거리에 이상이 없다면, 위처럼 자신이 원하는 방향으로 새로운 줄거리를 재구성해 달라고 요청할 수 있다. 결과는 아래와 같다.

신데렐라가 왕자와 결혼을 준비할 때 친모가 나타나 모녀간의 정을 나누는 내용으로 재구성한 줄거리는 다음과 같습니다.

신데렐라는 어린 나이에 어머니를 잃고 아버지와 함께 살았습니다. 그러나 아버지가 재혼하면서 계모와 두 이복언니가 집으로 들어오게 됩니다. 계모는 신데렐라를 구박하고, 집안일을 도맡아 시키며 신데렐라를 냉대했습니다. 아버지마저 세상을 떠난 후, 신데렐라는 홀로 힘든 시간을 보내며 언제나 돌아가신 어머니를 그리워했습니다.

그러던 어느 날, 왕국에서 왕자가 아내를 찾기 위한 성대한 무도회를 연다는 소식이 전해집니다. 계모와 이복언니들은 화려하게 차려입고 무도회에 참석하려 하지만, 신데렐라는 초라한 옷차림에 무도회에 갈 수 없었습니다. 그때 요정 대모가 나타나 마법으로 신데렐라를 돕습니다. 호박을 마차로, 쥐들을 마부로 바꾸고, 신데렐라에게 아름다운 드레스와 유리 구두를 주며 자정까지 돌아와야 한다고 경고했습니다.

신데렐라는 무도회에서 왕자와 춤을 추며 사랑에 빠집니다. 하지만 자정이 가까워지자 급히 성을 떠나던 중 유리 구두 한 짝을 잃고 맙니다. 그 후, 왕자는 유리 구두를 들고 그 주인을 찾아 전국을 돌아다니며 신데렐라를 찾습니다. 결국 신데렐라는 유리 구두의 주인임이 밝혀지고, 왕자와 결혼을 준비하게 됩니다.

결혼을 앞둔 신데렐라는 여전히 어머니에 대한 그리움을 품고 있었습니다. 그러던 어느 날, 신비한 빛과 함께 신데렐라의 친모가 모습을 드러냅니다. 그녀는 요정의 도움으로 잠시 이 세상에 돌아올 수 있었던 것이었습니다. 신데렐라는 어머니와 재회하자마자 눈물을 흘리며 달려가 어머니의 품에 안겼습니다.

신데렐라는 어머니에게 자신이 겪은 고통과 그리움을 이야기했고, 어머니는 신데렐라를 따뜻하게 안아 주며 위로했습니다. "내 딸아, 네가 이렇게 강하고 아름답게 자라 준 것이 너무나 자랑스럽구나. 지금까지 네가 겪은 모든 어려움은 너를 더 단단하게 만들어 준 것이란다. 이제 너는 진정한 행복을 누릴 자격이 있어."

어머니의 따뜻한 말에 신데렐라는 용기를 얻고, 자신이 이룬 사랑과 행복을 축복받은 듯한 기분이 들었습니다. 어머니는 신데렐라가 왕자와의 결혼을 통해 새로운 삶을 시작할 수 있음을 기뻐하며, 그녀의 앞날에 행복이 가득하길 기원했습니다.

그 후, 어머니는 다시 요정의 세계로 돌아갔지만, 신데렐라는 언제나 마음속에 어머니의 사랑을 간직하며 살아가게 됩니다. 신데렐라는 왕자와 결혼해 행복하게 살았으며, 그들의 결혼식은 온 왕국의 축복 속에서 성대하게 이루어졌습니다.

> 이렇게 친모와의 재회를 통해 신데렐라가 마음의 치유와 가족의 사랑을 다시 찾는 요소를 추가한 줄거리가 완성되었습니다.

인공 지능의 성찰 일지 작성, 무엇을 시사하는가?

👋 인공 지능은 감상문과 성찰 일지를 작성할 수 있을까?

 이번에는 고등학교 '매체 의사소통' 과목의 수업 상황을 떠올려 보자. 학기 말이 되어 학교 생활 기록부에 교과 세부 능력 특기 사항을 작성할 때가 되었다. 김 교사는 학생들의 자기 주도적 학습 능력에 대해 기록하기 위해 학생들에게 다음과 같이 안내했다.

디지털 미디어와 관련된 두 권의 책을 찾아 읽어 본 다음 두 책을 비교하여 감상문을 작성하고 다음 수업 시간까지 사이버 클래스에 제출해 주세요. 선생님이 살펴보고 학교 생활 기록부에 기록해 줄 거예요. 여러분이 교과와 관련하여 자기 주도적 활동에 참여하였다는

것을 강조하려는 거니까, 책을 읽고 어떤 자기 주도적 활동에 더 참여할 수 있을지 충분히 고민해 보세요.

교사의 안내를 받은 학생들은 어떻게 행동할까? 인공 지능 사용에 익숙한 선우는 생성형 인공 지능 서비스에 접속해 다음과 같이 프롬프트를 입력할 수 있을 것이다.

> 디지털 미디어와 관련된 두 권의 책 제목과 함께 이 두 책을 통합적으로 읽고 자기 주도적 활동을 하였음을 드러내는 글을 작성해 주세요.

프롬프트를 받은 인공 지능은 망설임 없이 책 두 권의 제목과 간략한 소개, 그리고 두 권의 책을 통합적으로 읽고 할 수 있는 자기 주도적 활동을 작성해 준다.

 저는 최근 '디지털 시대의 미디어 변화'와 '디지털 플랫폼과 사회적 영향'이라는 두 권의 책을 읽었습니다. 첫 번째 책에서는 디지털 기술이 미디어 소비 패턴에 미치는 영향과 그 변화를 다루었고, 두 번째 책은 디지털 플랫폼이 사회와 개인에게 어떻게 영향을 미치는지를 탐구했습니다.
이 두 책을 읽으면서 저는 자기 주도적으로 몇 가지 활동을 했습

> 니다. 먼저, 책에서 제시된 다양한 데이터와 통계를 바탕으로 실생활에서 미디어의 역할과 중요성을 깊이 분석해 보았습니다. 특히, 소셜 미디어가 사람들의 의견 형성과 사회적 상호 작용에 어떤 영향을 미치는지를 살펴보며 그 사례를 조사했습니다.
>
> 또한, 디지털 플랫폼이 사회적 경제와 정치에 미치는 영향을 심층적으로 이해하고자 다양한 사례를 분석하였습니다. 예를 들어, 최근의 정치적 사회 운동에서 디지털 미디어의 역할이 어떻게 강화되고 있는지를 예시로 들며, 이에 대한 자신만의 생각을 정리해 보았습니다.
>
> 이 경험을 통해 저는 디지털 미디어와 플랫폼이 현대 사회에 미치는 복잡한 영향을 더 잘 이해하게 되었고, 이를 통해 자기 주도적으로 학습하고 분석하는 능력을 발전시키게 되었습니다. 앞으로도 이러한 분석적 접근을 유지하면서 디지털 시대의 변화에 대응할 수 있는 준비를 하고자 합니다.

선우는 인공 지능이 작성한 글을 빠르게 훑어본 후, 인터넷 검색 엔진을 이용해 '디지털 시대의 미디어 변화', '디지털 플랫폼과 사회적 영향'이라는 책이 실제로 존재하는지 확인한다. 그러고는 두 책이 모두 인공 지능이 만들어 낸 가상의 책임을 깨닫고, 검색 엔진에서 실제로 존재하는 책 제목을 찾아 바꾸어 넣는다. 최근에 출간되었거나, 권위 있는 저자 또는 출판사의 책이면 더욱 신뢰할 수 있다.

인터넷에서 가져온 글은 '카피킬러'와 같은 표절 탐지 서비스에 걸리지만, 생성형 인공 지능으로 만든 글은 기존 데이터를 새롭게 재조합한 결과이기 때문에 표절로 검출되지 않는다. '지피티제로 GPTZero'와 같은 인공 지능 감별 시스템이 있지만, 인공 지능이 학습한 방식과 유사하게 작성된 인간의 글도 인공 지능이 작성한 것으로 잘못 판단될 만큼 정확도가 낮다. 마지막 문단을 시작할 때 '결론적으로', '종합적으로', '따라서' 등과 같은 상투적인 문구만 피하면 표절로 걸릴 가능성은 거의 없다.

그리하여 선우는 인공 지능이 작성한 글에서 사소한 몇 부분을 수정한 다음 사이버 클래스에 제출했다. 이제 김 교사는 자신의 시간과 노력을 기울여, 학생들이 직접 쓰지 않은 글을 읽고, 관찰자의 입장에서 요약하거나 평가하여 학교 생활 기록부에 기록할 것이다. 혹은 김 교사도 생성형 인공 지능 서비스에 아래와 같은 프롬프트를 입력한 후, 학생들이 제출한 감상문을 그대로 복사하여 넣을지 모른다.

> 저는 고등학교 국어 선생님입니다. 학생이 디지털 미디어와 관련된 두 권의 책을 통합적으로 읽고 자기 주도적 활동을 하였다는 내용으로 학교

> 생활 기록부에 들어갈 내용을 작성하려 합니다.
> 학생이 제출한 다음 글을 바탕으로 그 내용을 한
> 문장으로 만들어 주세요: (학생 글)

 학생은 '디지털 미디어 소비와 젠더'와 '플랫폼 사회'를 읽고, 디지털 기술과 플랫폼이 미디어 소비, 사회적 상호 작용, 경제 및 정치에 미치는 영향을 심층적으로 분석하며 자기 주도적 학습 능력을 발전시켰습니다.

이번에도 생성형 인공 지능 서비스는 사용자의 의도에 맞게 학교 생활 기록부에 들어갈 문구를 잘 생성해 준다. 김 교사는 학교 생활 기록부의 일반적인 문체에 맞지 않는 부분을 찾아 수정하기만 하면 된다. 결국 이 활동은 학생과 교사 모두에게 단순히 기록을 위한 활동이 되어, 의미 있는 시간과 노력을 요구하지 않는다.

 학생은 '디지털 미디어 소비와 젠더'와 '플랫폼 사회'를 읽고, 디지털 기술과 플랫폼이 미디어 소비, 사회적 상호 작용, 경제 및 정치에 미치는 영향을 심층적으로 분석하며 자기 주도적 학습 능력을 발전시켰습니다. 시킴.

하지만 김 교사는 학생들이 실제로 학습에 의미 있게 참여했기를 바랐다. 수업이나 활동에 참여했어야만 쓸 수 있을 것으로 기대되는 성찰 일지와 같은 과제를 부여함으로써 이러한 목적을 달성할 수 있을 것이라 생각한다. 그래서 김 교사는 사이버 클래스에 다시 아래와 같은 공지글을 올렸다.

여러분, 책을 읽고 감상문을 작성하느라 수고 많았어요. 자신이 어떤 과정을 거쳐 글을 썼고, 이러한 과정을 통해 무엇을 배우고 느꼈는지 성찰 일지를 작성해서 제출해 주세요.

선우는 다시 생성형 인공 지능 서비스에 접속하여 아래와 같은 프롬프트를 입력하고, 이전에 제출한 자신의 감상문(정확히는 선우가 프롬프트를 입력하여 인공 지능이 생성한 감상문)을 활용하여 성찰 일지를 작성한다.

> 다음 글을 쓴 필자가 어떤 과정을 거쳐 글을 썼고, 이러한 과정을 통해 무엇을 배우고 느꼈을까요?: (감상문)

필자는 '디지털 미디어 소비와 젠더'와 '플랫폼 사회'라는 두 권의 책을 읽고, 디지털 기술과 플랫폼이 미디어 소비 패턴, 사회적 상호 작용, 경제 및 정치에 미치는 영향을 탐구하며 글을 작성했습니다. 이 과정에서 필자는 책에서 제공된 다양한 데이터와 통계를 바탕으로 실생활에서 미디어의 역할과 중요성을 깊이 분석했습니다. 특히, 소셜 미디어가 사람들의 의견 형성과 사회적 상호 작용에 미치는 영향을 사례를 통해 조사하고, 디지털 플랫폼이 사회적 경제와 정치에 미치는 영향을 이해하기 위해 여러 사례를 분석했습니다. 이러한 과정을 통해 필자는 디지털 미디어와 플랫폼이 현대 사회에 미치는 복잡한 영향을 더 잘 이해하게 되었고, 자기 주도적 학습과 분석 능력을 향상시켰습니다. 이 경험을 통해 필자는 디지털 시대의 변화에 효과적으로 대응할 수 있는 준비를 갖추게 되었습니다.

그런데 산출된 글이 선우의 마음에 들지 않는다. 두 권의 책을 읽고 감상문을 작성한 과정에 대한 성찰보다는, 이전에 산출된 감상문을 단순히 요약한 느낌이다. 아마도 인공 지능이 '성찰 일지'라는 글의 특성, 그러니까 어떤 내용이 포함되어야 하는지를 잘 이해하지 못한 것 같다. 이에 선우는 성찰 일지에 포함되어야 할 내용(어려움, 해결 방안, 깨달음)을 생각해 프롬프트를 아래와 같이 다시 만들어 입력했다.

> 다음 글을 작성하면서 필자는 어떤 점에서 어려움을 느꼈을 거라 생각하며, 그러한 어려움을 어떻게 해결하였을 것으로 생각합니까? 필자는 이러한 글을 작성하는 과정으로부터 어떠한 새로운 깨달음을 얻었을까요?: (감상문)

필자는 '디지털 미디어 소비와 젠더'와 '플랫폼 사회'라는 두 권의 책을 읽으며 글을 작성하는 과정에서 여러 어려움을 느꼈을 것입니다.

첫째, 두 책의 복잡한 내용과 방대한 데이터를 이해하고 통합하는 과정에서 어려움을 느꼈을 것입니다. 디지털 미디어와 플랫폼의 다양한 영향을 분석하는 것은 쉽지 않은 작업입니다. 이를 해결하기 위해 필자는 꼼꼼하게 책을 읽고, 중요한 부분을 메모하며, 데이터와 사례를 체계적으로 정리했을 것입니다. 또한, 필요한 부분은 여러 번 읽고 이해하려는 노력을 통해 자료를 충분히 소화했을 것입니다.

둘째, 소셜 미디어와 디지털 플랫폼이 사회적 상호 작용과 정치와 경제에 미치는 영향을 분석하는 과정에서 필자는 객관적인 시각을 유지하는 데 어려움을 느꼈을 수 있습니다. 필자는 다양한 관점을 고려하고, 다각도로 분석하며 균형 잡힌 시각을 유지하기 위해 노력했을 것입니다. 이를 위해 다양한 사례를 조사하고, 여러 자료를 비교 분석하며 자신의 생각을 정리했을 것입니다.

이 과정을 통해 필자는 디지털 미디어와 플랫폼이 현대 사회에 미치는 복잡한 영향을 더 잘 이해하게 되었습니다. 또한, 필자는 자

> 기 주도적으로 학습하고 분석하는 능력을 발전시킬 수 있었으며, 이러한 경험이 앞으로도 디지털 시대의 변화에 효과적으로 대응하는 데 중요한 밑거름이 될 것임을 깨달았을 것입니다.

이제야 성찰 일지 같아졌다. 글에 들어가야 할 구체적인 내용을 명확히 프롬프트에 포함하는 것이 중요하다는 것을 알 수 있다. 인공 지능이 작성한 글에서 '필자'를 '나(저)'로 바꾸고, 추측으로 표현된 부분을 자신이 실제로 경험하고 느낀 것처럼 다듬어 제출하면 될 것 같다.

💬 인공 지능이 이런 글을 작성할 수 있다는 것, 무엇이 문제인가?

이처럼 인공 지능은 감상문이나 성찰 일지를 능숙하게 작성할 수 있다. 인공 지능은 인간의 경험을 가상으로 상정하여 글을 쓰거나, 그 과정에서 겪었을 어려움, 해결 방안 등에 대해 서술할 수 있다. 그리고 프롬프트를 새로 입력하거나 반응 재생성하기 regenerate responses' 기능(⟳)을 사용하면, 자연어를 재조합한 새로운 글을 반복해서 생성할 수도 있다.

문제는 인공 지능을 활용한 이러한 방식의 글쓰기 수행이 적절한지에 대한 것이다. 아날로그 환경에서 디지털 환경으로의 전환 과정에서 글쓰기를 통해 정보를 전달하는 것이 '표절'과 같은 도전에 쉽게 놓인 것처럼, 인공 지능 환경이 상용화됨에 따라 필자의 개인적 경험이나 주관적 생각, 깨달음 등에 대한 감상과 성찰마저도 이제 기술의 도움을 받아 왜곡된 형태로 나타날 수 있게 되었다. 이는 의미를 능동적으로 구성하고 사고를 발달시키는 글쓰기의 본질이 위협받을 수 있는 상황에 직면한 것이다.

이로 인해 필자는 삶에 필요한 감상 및 성찰 능력을 아직 충분히 체득하지 못한 상황에서 이러한 능력을 개발할 기회를 박탈당할 우려가 있다. 글쓰기의 문제 해결 과정을 기계에 의존하는 것은 인간의 기본적인 학습 역량을 떨어뜨릴 수 있다. 일정 수준에 도달한 필자가 인공 지능 기술을 사용하여 글을 작성하는 것에 제한을 둘 필요는 없지만, 글쓰기 주체로서 아직 자리매김하지 못한 필자가 인공 지능에 의존하여 글을 작성하는 습관을 들이는 것은 필자로서의 성장을 제한할 수 있고 자유롭지 못한 상태에 빠질 수 있다.

인공 지능 기술을 필자의 연령과 발달 수준에 맞게 적절히 활용하는 것이 인공 지능 기술을 지혜롭게 사용하는 방향이 될 것이다. 대부분 자세히 살펴보지는 않지만, 챗지피티의 약관에도 사용자가 최소 13세 이상이어야 하며, 청소년은 부모나 보호자의 지도 아래 사용해야 한다는 내용이 포함되어 있다.

인공 지능의 사용 영역, 어디까지는 되고 어디서부터는 안 되는 걸까?

인공 지능 시대에는 사용해도 되는 영역과 그렇지 않은 영역을 구분하고, 이를 바탕으로 분별력 있게 글쓰기를 실천하는 것이 필자가 지녀야 할 중요한 사항 중 하나가 될 것으로 보인다. 전통적인 글쓰기 환경에서는 타인을 존중하고 배려하며, 사실을 과장하거나 왜곡하지 않고, 타인의 저작물을 표절하지 않는 것이 윤리적인 필자의 주요 초점이었다. 그러나 인공 지능 시대에는 인공 지능을 활용하지 말아야 하거나 인간의 주도적 역할이 필요한 영역을 구별하지 못하거나, 인공 지능에 지나치게 의존하는 것도 비윤리적인 글쓰기 행위로 간주될 수 있다.

학생들이 부정행위에 빠지지 않고 높은 주도성 agency 을 발휘하며 감상문, 성찰 일지 등의 글쓰기에 적극적으로 참여하도록 지원하기 위해서는 어떻게 해야 할까? 자신이 글을 쓰는 주체임을 인식하고, 자신의 글이 독자나 사회에 미치는 영향을 고려하여 책임감 있게 글을 쓰도록 하는 것이 무엇보다 중요할 것이다.

감상문, 성찰 일지 등을 포함하는 표현적 쓰기 expressive writing 장르는 필자 자신의 개인적 경험이나 주관적 생각, 느낌 등을 글의 소재로 삼기 때문에 일반적으로 다른 유형의 글에 비해 인지적·심리적 장벽이 낮을 것으로 여겨지는 경우가 많다. 그러나 연구 결과에 따르면 이러한 기대와 달리 나타나는 경우도 적지 않다. 이러한 장르에 참여하는 것은 글쓰기 발달의 초기 경험과 밀접하게 연관되며, 그 숙달 여부가 이후의 기초 문해력 형성에 중대한 영향을 미친다고 볼 수 있다. 따라서 개인이 글쓰기에 높은 주인의식과 책임감을 가지고 주도적이고 독립적인 필자로 성장할 수 있도록 지원하는 것이 우리에게 남겨진 과제라 할 수 있다

주註

Class 1. 인공 지능 글쓰기의 본질

1   김승주(2022), 「딥러닝 자연어처리 기법을 활용한 논증적 글쓰기 자동 채점 방안 연구: 교사 채점자와 기계 채점자의 협업적 채점 수행 모델을 기반으로」, 한국교원대학교 박사 학위 논문, 83쪽.
2   김기형(2024), 「LQ 문해력 검사로 본 기초 문해력」, 우리말교육현장학회 제34회 학술발표회 자료집, 129쪽.
3   장성민(2024), 「국어과 쓰기 영역에서의 AI 디지털 교과서 적용 가능성 및 쟁점 탐색」, 『국어교육』 186, 한국어교육학회, 79쪽.
4   심수지 기자, 「부부가 나란히…'장수 커플' 원빈·이나영, 결국 결별 소식」, 『TV리포트』, 2024. 8. 14. https://tvreport.co.kr/broadcast/article/831764/ (접속: 2024. 9. 19.)
5   조재룡(2017), 「시(詩), 그리고 인공 지능…」, 『모:든 시』 창간호, 71쪽.
6   장지혜(2020), 「인성 교육을 위한 작문 교육의 방향: 고등학생 필자의 비평적 에세이 쓰기를 중심으로」, 『국어교육연구』 46, 서울대 국어교육연구소, 314쪽.
7   장지혜(2024), 「지속 가능한 삶을 위한 작문 교육: 글쓰기를 통한 성찰의 가능성과 소통의 가치에 주목하여」, 『리터러시연구』 15(1), 한국리터러시학회, 364~365쪽.

Class 2. 인공 지능 글쓰기를 둘러싼 논쟁

1   김태연 작가는 "이제 '소설 쓰기'가 아닌 '소설 연출'의 시대가 열리고 있다."라고 하면서 자신을 '소설 감독'으로 지칭한 바 있다.

2   이본영 기자, 「뉴욕타임스 "AI 챗봇이 지재권 침해"…오픈AI와 MS 상대 소송」, 『한겨레』, 2023. 12. 29. https://www.hani.co.kr/arti/international/america/1122119.html

3   정유경 기자, 「"엔비디아, 내 글로 AI 훈련시켜" 미 작가들 집단소송」, 『한겨레』, 2024. 3. 11. https://www.hani.co.kr/arti/economy/economy_general/1131707.html

4   ICMJE 출판 윤리 규정. https://www.icmje.org/recommendations/browse/roles-and-responsibilities/defining-the-role-of-authors-and-contributors.html#two

5   장지혜(2021), 「대학생의 저자성 구현을 위한 온라인 작문 수업 실행 연구: 온라인 상호작용 양상을 중심으로」, 『국어교육』 175, 한국어교육학회, 160쪽.

6   '변형적 재사용'에 대해서는 다음 문헌들을 참고해 볼 수 있다. 장성민(2024), 「생성 인공 지능 시대, 다문서 문식성 교육의 도전과 기회」, 『독서연구』 71, 한국어교육학회, 43~82쪽; C. Donahue (2019), "Trends in modeling academic writing in multilingual contexts", In B. Huemer, E. Lejot, & K. L. B. Deroey (Eds.), *Academic writing across languages: Multilingual and contrastive approaches in higher education*, Bohlau Verlag, pp.41-57; N. Nelson & J. R. King (2023), "Discourse synthesis: Textual transformations in writing from sources", *Reading and Writing*, 36(4), pp.769-808.

7   장성민(2024), 「생성 인공 지능 시대, 다문서 문식성 교육의 도전과 기회」, 『독서연구』 71, 한국독서학회, 63~66쪽.

8   방선욱(2009), 「자기조절학습과 자기효능감 연구의 교육적 함의」, 『교육사상연구』 23(2), 한국교육사상연구회, 106쪽.

Class 3. 인공 지능 글쓰기의 유형

1   김선오, 「인공 지능과 시 쓰기」, 『국민일보』, 2024. 2. 19. https://www.kmib.

co.kr/article/view.asp?arcid=1708229653&code=11171315&cp=nv
2 김홍열, 「인공지능의 창조와 인간의 창조」, 『가톨릭뉴스 지금여기』, 2024. 4. 17. https://www.catholicnews.co.kr/news/articleView.html?idxno=33769
3 저자가 루이스에서 만든 결과물은 아래 링크에서 모두 확인할 수 있다. https://lewis.keytalkai.com/story-detail/56fe711312?isShare=share

참고 문헌

단행본

Bandura, A. (1977), *Social learning theory*, Prentice-Hall.

논문

김기형(2024), 「LQ 문해력 검사로 본 기초 문해력」, 우리말교육현장학회 제34회 학술발표회 자료집, 97~134쪽.

김승주(2022), 「딥러닝 자연어처리 기법을 활용한 논증적 글쓰기 자동 채점 방안 연구: 교사 채점자와 기계 채점자의 협업적 채점 수행 모델을 기반으로」, 한국교원대학교 박사 학위 논문.

방선욱(2009), 「자기조절학습과 자기효능감 연구의 교육적 함의」, 『교육사상연구』 23(2), 한국교육사상연구회, 103~123쪽.

장성민(2024), 「생성 인공 지능 시대, 다문서 문식성 교육의 도전과 기회」, 『독서연구』 71, 한국독서학회, 43~82쪽.

장성민(2024), 「국어과 쓰기 영역에서의 AI 디지털 교과서 적용 가능성 및 쟁점 탐색」, 『국어교육』 186, 한국어교육학회, 65~97쪽.

장지혜(2020), 「인성 교육을 위한 작문 교육의 방향: 고등학생 필자의 비평적 에세이 쓰기를 중심으로」, 『국어교육연구』 46, 서울대 국어교육연구소, 307~344쪽.

장지혜(2021), 「대학생의 저자성 구현을 위한 온라인 작문 수업 실행 연구: 온라인 상호작용 양상을 중심으로」, 『국어교육』 175, 한국어교육학회, 159~198쪽.

장지혜(2024), 「지속 가능한 삶을 위한 작문 교육: 글쓰기를 통한 성찰의 가능성과 소통의 가치에 주목하여」, 『리터러시연구』 15(1), 한국리터러시학회, 349~376쪽.

Britton J., Burgess T., Martin N., McLeod A., Rosen H. (1975), "The development of writing abilities", *Schools Council research studies*, MacMillian, pp.11-18.

Donahue, C. (2019), "Trends in modeling academic writing in multilingual contexts", In B. Huemer, E. Lejot, & K. L. B. Deroey (Eds.), *Academic writing across languages: Multilingual and contrastive approaches in higher education*, Bohlau Verlag, pp.41-57.

Nelson, N., & King, J. R. (2023), "Discourse synthesis: Textual transformations in writing from sources", *Reading and Writing*, 36(4), pp.769-808.

Pintrich, P. (2000), "The role of goal orientation in self-regulated learning", In M. Boekaerts, P. Pintrich, & M. Zeidner (Eds.), *Handbook of self-regulation*, Academic Press, pp.452-502.

기타

김선오, 「인공 지능과 시 쓰기」, 『국민일보』, 2024. 2. 19. https://www.kmib.co.kr/article/view.asp?arcid=1708229653&code=11171315&cp=nv

김정은 기자, 「이세돌 "사람들, 창의성 경외했는데…AI 이후 많은 것 사라져"」, 『연합뉴스』, 2024. 7. 11. https://www.yna.co.kr/view/AKR20240711131300009?input=1195m

이기문 기자, 「습작 7년… AI가 국내 첫 560쪽 장편소설 썼다」, 『조선일보』, 2021. 8. 26. https://www.chosun.com/culture-life/culture_general/2021/08/26/2B2VSJI5NVCCBG2QKPHUKFTWZQ/

장강명, 「AI 시대 소설의 미래, 우울한 버전으로」, 『중앙일보』, 2023. 3. 15. https://www.joongang.co.kr/article/25147180

정유경 기자, 「"엔비디아, 내 글로 AI 훈련시켜" 미 작가들 집단소송」, 『한겨레』, 2024. 3. 11. https://www.hani.co.kr/arti/economy/economy_general/1131707.html

정희연 기자, 「'이동욱은 토크가' 이세돌. 은퇴 결심한 진짜 이유」, 『스포츠동아』, 2019. 12. 19. https://sports.donga.com/3/all/20191219/98870206/1

조재룡(2017), 「시(詩), 그리고 인공 지능…」, 『모:든 시』 창간호, 47~74쪽.

주영헌, 「AI 시인이 쓴 시를 읽고… 왜 이렇게 불안할까요」, 『오마이뉴스』, 2022. 8. 19. https://www.ohmynews.com/NWS_Web/View/at_pg.aspx?CNTN_CD=A0002858549

최지희 기자, 「AI가 쓴 시·소설 읽고 싶나요?…독자들에게 묻다」, 『한국경제』, 2024. 6. 27. https://www.hankyung.com/article/2024062767621

「"소설가의 자부심이 개발자의 손 끝에 달렸다"(장강명 작가)」, 티타임즈TV. https://www.youtube.com/watch?v=g_wRka8448M

「바둑 천재 이세돌이 알파고와 대결 이후 은퇴를 결심하게 된 이유」, 〈유퀴즈온더블럭〉. https://www.youtube.com/watch?v=otIISyQ1vUw

ICMJE 출판 윤리 규정. https://www.icmje.org/recommendations/browse/roles-and-responsibilities/defining-the-role-of-authors-and-contributors.html#two